Albert Biesinger · Julia Biesinger

Kindern Grundvertrauen und Orientierung geben

Albert Biesinger · Julia Biesinger

Kindern Grundvertrauen und Orientierung geben

Ein Elternbegleiter durch den Erziehungsalltag

Patmos Verlag

VERLAGSGRUPPE PATMOS

PATMOS
ESCHBACH
GRÜNEWALD
THORBECKE
SCHWABEN

Die Verlagsgruppe
mit Sinn für das Leben

MIX
Papier aus verantwortungsvollen Quellen
FSC® C014496
FSC
www.fsc.org

Für die Schwabenverlag AG ist Nachhaltigkeit ein wichtiger Maßstab ihres Handelns. Wir achten daher auf den Einsatz umweltschonender Ressourcen und Materialien.

www.patmos.de

Umschlaggestaltung: Finken & Bumiller, Stuttgart
Umschlagmotiv: © goodluz / shutterstock.com
Druck: GGP Media GmbH, Pößneck
Hergestellt in Deutschland
ISBN 978-3-8436-0775-9 (Print)
ISBN 978-3-8436-0776-6 (eBook)

Inhalt

Einleitung

Albert Biesinger · Julia Biesinger

Ein Blick, ein Lächeln, ein verschmitztes Grinsen … Kinder sind ein großes Geschenk. Sie bereichern unser Leben. Und sie verändern unser Leben. Ganz entscheidend. Wir lernen durch sie, die Welt mit anderen Augen zu betrachten, und gewinnen einen neuen Blick auf das Leben an sich. Dinge, die uns wirklich wichtig sind, kristallisieren sich heraus. Dinge und Werte, die wir vielleicht auch unserem Kind vermitteln möchten.

Als Eltern machen wir uns viele Gedanken darüber, was wir unserem Kind für sein Leben mitgeben möchten. Vielleicht haben Sie sich dabei schon einmal folgende Fragen gestellt:

- Was will ich meinem Kind für sein Leben mitgeben? Was hat mir selbst im Leben weitergeholfen? Was hat mir Kraft gegeben?
- Was haben mir meine Eltern mitgegeben? Wie haben mich Großeltern, Tanten, Onkel, Freunde und andere Personen positiv beeinflusst?
- Welche Erfahrungen habe ich gemacht? Was war für mich hilfreich? Was möchte ich unbedingt vermeiden?

Das Leben hält uns viele Möglichkeiten bereit und stellt uns vor Herausforderungen. Natürlich wünschen wir uns als Eltern für unser Kind das Beste, dass es möglichst viele schöne Zeiten erleben und mögliche aufkommende Probleme gut meistern kann. Wir wünschen uns, dass es in seinem Leben glücklich ist.

- Doch welche Anforderungen stellt das Leben?
- Was braucht mein Kind, um in der heutigen Zeit gut durch sein Leben zu kommen?
- Wie kann ich es stärken und fördern?
- Und was möchte mein Kind denn?
- Woher weiß ich, was mein Kind braucht? Wie wird seine Zukunft aussehen?

Wir können unserem Kind kein Traumland aufbauen, ihm nicht das Paradies bieten, es nicht vor allen Problemen des Lebens behüten. Wir können auch nicht vorhersehen, wie die Zukunft unseres Kindes aussehen wird, was alles auf unser Kind zukommt und für was es sich entscheiden wird …

Doch wir können unserem Kind als Eltern das Grundvertrauen geben, das es braucht, um sich sicher und geborgen zu fühlen, um selbstbewusst und mit weitem Blick durch das Leben zu gehen, Stärken auszubilden und mit Schwächen umgehen zu können. Grundvertrauen, um Hindernisse zu überwinden, Probleme zu lösen und mit Belastungen zurechtzukommen, und Grundvertrauen, um auch für andere da sein zu können. Grundvertrauen in uns als Eltern, Grundvertrauen in die Welt und vor allem Grundvertrauen in sich selbst. Ein gesundes Grundvertrauen, sich und die Welt realistisch einzuschätzen, seine Möglichkeiten und seine Grenzen zu kennen und zu erkennen, was einem guttut und was nicht.

Wie mache ich das?

Wir sind uns sicher, dass Sie das in vieler Hinsicht schon instinktiv berücksichtigen … Wir möchten Sie auf eine Reise durch die verschiedenen Kapitel dieses Buches einladen, um auf all diese Fragen vertiefend einzugehen:

In Kapitel 1 geben wir Antworten auf die Frage, was unser Kind in seinem Leben braucht und wie wir eine gute und stabile Bindung zu unserem Kind aufbauen und vertiefen können und damit sein Grundvertrauen in sich und die Welt fördern und stärken. Die Verbindung zu Ihrem Kind hat einen entscheidenden Einfluss darauf, solch ein Grundvertrauen ausbilden zu können. Auch durch unsere Art, wie wir mit unserem Kind kommunizieren, nehmen wir darauf Einfluss.

In Kapitel 2 befassen wir uns damit, wie wir unser Kind und sein Grundvertrauen stärken. Dazu schauen wir uns an, wie wir unser Kind ganzheitlich fördern können, wie wir es darin unterstützen können, dass es seine Kompetenzen entfalten kann, und wie wir ihm helfen können zu lernen, auf eine positive Art und Weise mit Problemen umzugehen. Durch den Halt, den Sie Ihrem Kind geben, und dadurch, dass Sie es zu den richtigen Zeitpunkten immer wieder loslassen, geben Sie Ihrem Kind einen Orientierungsrahmen, von dem aus es lernt, selbständig, kompetent und in der Gemeinschaft verwurzelt sein Leben in die Hand zu nehmen. Dies ist im Kern auch so im ersten Paragraphen des achten Buches des Sozialgesetzbuchs verankert: »Jeder junge Mensch hat ein Recht auf Förderung seiner Entwicklung und auf Erziehung zu einer eigenverantwortlichen und gemeinschaftsfähigen Persönlichkeit« (§ 1 SGB VIII, 2007). Wir nehmen unser Kind an die Hand und geben ihm das mit, was wir fühlen, was es im Moment und für später brauchen kann.

Unserem Kind Orientierung zu geben, indem wir ihm Freiraum geben, aber auch notwendige Grenzen setzen, ist der Inhalt des dritten Kapitels. Wir sehen darin auch, welchen Einfluss es hat, wie wir unserem Kind in der Erziehung dabei begegnen. Wir dürfen an der spannenden Zeit teilhaben, zu sehen, wie unser Kind groß wird, wächst und jeden Tag Neues dazulernt. Kinder sind Wesen mit eigenen Bedürfnissen und Grenzen, so wie wir das auch sind. Jeden Tag können wir unserem Kind dabei Orientierung geben, Grundvertrauen vermitteln und es Grundvertrauen spüren lassen.

Das Kapitel 4 durchleuchtet die Hintergründe, warum Grundvertrauen und Orientierung in dieser Welt so wichtig sind, wieso jedes Kind einzigartig ist, wie wir als Mensch lernen und wie die Bilder, die Gedanken, die wir uns über die Welt machen, unser Leben beeinflussen.

Kapitel 5 ist ein Kapitel direkt für Sie, liebe Eltern. Es geht darum, wie Sie das Grundvertrauen in sich selbst stärken können. Denn wenn es Ihnen gut geht, wird sich das auch auf Ihr Kind auswirken.

Im sechsten Kapitel »Weite Horizonte« geht es um konkrete spirituelle Wege für Sie als Eltern. Wie wir unsere Kinder spirituell begleiten können, ihnen damit auch Orientierung und Grundvertrauen geben und sie auf diese Weise für ihr Leben kräftigen können, ist Herausforderung und Chance zugleich. Kindern tun große Verheißungen wie »Ich bin unbedingt geliebt – von meinen Eltern. Ich bin geliebt von Gott« für ihr Leben gut. Wie Sie selbst an Quellen von Zuwendung und an Energien kommen, wird in diesen Überlegungen ebenfalls konkret thematisiert. Alltagstaugliche Rituale lassen dabei oft überraschende Möglichkeiten entstehen.

Wir möchten Sie mit Ihrem Kind auf diesem spannenden Weg seiner Entwicklung begleiten, Ihnen Einblicke in verschiedene Zusammenhänge geben und Sie als Eltern in Ihrer Rolle und Kompetenz als Erzieher ermutigen und stärken. Dazu geben wir Ihnen in unseren »Was-sagt-die-Forschung-zum-Thema?«-Abschnitten (mit dem Doktorhut) bei den einzelnen Themen immer wieder Einblicke in die Erkenntnisse der Forschung.

Und wir wollen Ihnen anhand von psychologischem und spirituellem Grundwissen Handlungsorientierungen geben, wie Sie Voraussetzungen schaffen, damit Ihr Kind kompetent mit den Anforderungen des heutigen Lebens umgehen kann. Denn um unserem Kind Grundvertrauen und Orientierung zu schenken, damit es stark durch das Leben gehen kann, dazu gehört nicht viel: ein offenes Auge, ein offenes Ohr, ein großes Herz, eine Hand, die Sie Ihrem Kind reichen, wenn es sie braucht, und ein Bild davon, was Sie Ihrem Kind vermitteln möchten.

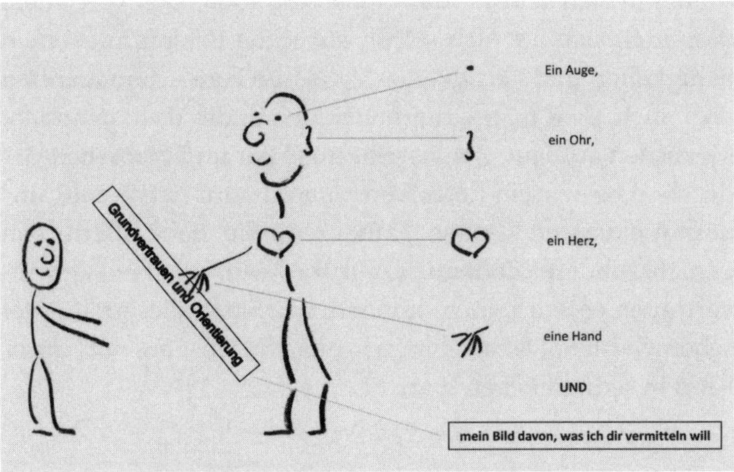

Um Grundvertrauen und Orientierung zu geben, brauchen wir ein offenes Auge, ein offenes Ohr, eine stärkende Hand und ein Bild davon, was wir unserem Kind vermitteln möchten.

Wir möchten Sie in diesem Sinne mit diesem Buch dazu einladen, sich Ihre eigenen Gedanken, Ihr eigenes Bild zu machen und gemeinsam mit Ihrem Kind Ihre eigenen Wege zu gehen.

1. Mit der Beziehung zu unserem Kind Grundvertrauen schenken

Julia Biesinger

Während sich unser Kind entwickelt und sich mit der Welt auseinandersetzt, ist es vor allem in der ersten Zeit seiner Entwicklung auf Menschen angewiesen, die ihm Orientierungen für den Umgang mit sich und dieser Welt geben. Die innige Verbindung zu unserem Kind legt einen wichtigen Grundstein für sein späteres Leben, denn dadurch lernt es Grundvertrauen aufzubauen. Zum einen, das Grundvertrauen in sich selbst – das Selbstvertrauen. Das Vertrauen, dass man sich auf sich selbst, auf seine Person mit seinen Fähigkeiten und Fertigkeiten verlassen kann. Zum anderen aber auch, dass man Grundvertrauen in die Welt, in andere Menschen aufbaut. Beides gibt uns Halt und Sicherheit dadurch, dass wir ein tiefes Vertrauen darauf haben und uns darauf einlassen können. Daher sind Sie, liebe Eltern, von ganz besonderer Bedeutung für Ihr Kind, solch ein Grundvertrauen entwickeln zu können, wie Sie in diesem Kapitel sehen werden. Dazu sehen wir uns zunächst an, was unser Kind in seinem Leben braucht.

1.1 »Was brauchst du eigentlich?« – Die Bedürfnisse unseres Kindes

Spontan würden wir Ihnen auf diese Frage antworten: »Liebe – ganz viel Liebe braucht Ihr Kind.« Und im Kern trifft es das auch.

Natürlich ist dabei klar, dass wir als Eltern zunächst einmal die grundlegenden physiologischen Grundbedürfnisse unserer Kinder stillen. Wir geben ihm zu essen und zu trinken, wir achten darauf, dass es genügend Schlaf bekommt. Außerdem wollen wir dafür sorgen, dass unser Kind in einer geschützten Umgebung aufwächst. Durch Hygiene versuchen wir unser Kind vor Krankheiten zu schützen.

Daneben hat unser Kind aber auch psychologische Grundbedürfnisse. Wie auch wir Erwachsene hat das Kind die Bedürfnisse nach Kompetenz, Autonomie und sozialer Zugehörigkeit.[1] Was heißt das?

- *Kompetenz* bedeutet, dass sich unser Kind effektiv mit seiner Umwelt auseinandersetzen will. Das heißt, es will spüren, dass es etwas kann, dass es etwas bewirken kann, dass sein Tun bestimmte Dinge auslöst.
- *Autonomie* heißt, dass unser Kind sich selbstbestimmt erleben will. Es möchte selbständig, unabhängig von anderen, selbstverantwortlich darüber entscheiden, was es tut.
  Es will sozusagen eigenständig Kontrolle über sein Tun haben.
- *Soziale Zugehörigkeit* bedeutet, dass es sich mit den Personen aus seinem sozialen Umfeld verbunden fühlen will. Es will sich anderen anvertrauen, sich austauschen, Zeit mit ihnen verbringen. Geborgenheit und Sicherheit finden.

Wenn unser Kind noch klein ist, steht vor allem sein Bedürfnis nach sozialer Zugehörigkeit im Vordergrund. Es sehnt sich nach Liebe, nach Nähe, nach Beachtung. Für Kinder ist es wichtig, dass sie die Nähe ihrer Eltern spüren. Jede Mutter, jeder Vater kennt sicherlich die Situation, dass ein Baby mit Schreien aufhört und sich beruhigen lässt, wenn wir es hochnehmen, es schaukeln und streicheln.

Was sagt die Forschung zum Thema Nähe?

Wie essenziell diese Nähe gerade in der ersten Zeit ist, zeigen Untersuchungen zum *kangarooing*, der sogenannten Känguru-Methode. Mit dieser Methode wird bei Frühgeborenen gearbeitet, indem das Baby immer wieder für längere Zeit auf den Oberkörper seiner Eltern gelegt wird, sodass ein intensiver Hautkontakt zwischen dem Kind und seiner Mama oder seinem Papa da ist. Mit kangarooing haben die Kinder eine höhere Überlebenschance und können schneller aus dem Krankenhaus entlassen werden. Es unterstützt die Kinder darin, ihre Atmung und ihren Herzschlag zu stabilisieren.[2] Die Babies beruhigen sich durch das kangarooing schneller und erfahren weniger Stress. Die Eltern-Kind-Beziehung wird gestärkt, sie trinken mehr Muttermilch und nehmen schneller zu und können ihre Körpertemperatur besser regulieren. Außerdem hat es einen positiven Effekt auf die geistige Entwicklung des Kindes.[3]

> »Bei den Menschen steigt der Oxytocinspiegel [Oxytocin ist ein Botenstoff im menschlichen Körper, der beispielsweise die Stimmung und unser soziales Verhalten beeinflusst. Es wird auch ›Kuschelhormon‹ genannt.] z. B. durch den Hautkontakt von Müttern und ihren neugeborenen Kindern, aber auch durch den engen Partnerkontakt unter Erwachsenen. […] Eltern und Kinder, die in der postpartalen [postpartal bedeutet ›nach der Geburt‹] Phase den Hautkontakt miteinander pflegen, kommunizieren mehr miteinander und sind gelassener und entspannter als solche, die diesen Kontakt nicht haben. Zudem gehen sie feinfühliger miteinander um, und die Kinder können im Alter von einem Jahr besser mit Stresserfahrungen umgehen.« (Kerstin Uvnäs-Moberg)[4]

An diesen Beispielen erkennt man physiologische und psychologische Auswirkungen der Nähe zwischen Eltern und Kind. Diese Nähe ist nicht nur am Anfang, sondern auch noch später wichtig. Sie hilft, wenn unser Kind traurig oder ängstlich ist. Sie beruhigt unser Kind auch, wenn es mit einem Problem nicht weiterweiß. In allen Fällen wirkt die Nähe beruhigend, wenn sie positiv vom Kind empfunden wird, und ist daher stressreduzierend, wenn das Kind weiß, dass wir ihm beistehen und ihm bei seinen Problemen helfen.

Das Bedürfnis nach Kompetenz und Autonomie wächst mit der Zeit immer mehr an. Es gibt im Laufe seiner Entwicklung immer mehr Bereiche, die unser Kind dann selbständig beherrscht.

Als Eltern ist es unsere Aufgabe, unserem Kind mit unserer Liebe und unserer Lebenserfahrung einen sicheren Rahmen zu schaffen, indem wir unsere Kinder in ihrem Bestreben, Kompetenz zu erwerben und Autonomie zu erlangen, ermutigen, unterstützen und begleiten. Der wichtige Ausgangspunkt hierfür liegt in unserer Beziehung zu unserem Kind.

1.2 »Hey – du bist mir wichtig!« – Mit der Beziehung zu unserem Kind Grundvertrauen fördern

Wenn unser Kind geboren wird, werden wir von einem warmen Glücksgefühl durchzogen. Unser Kind zieht uns in Bann. Wir kümmern uns um unser Kind, achten auf seine Signale. »Ist es müde? Hat es Hunger?« Schnell wird uns bewusst, wie uns unser Elternsein, diese neue Art der Beziehung und Verbundenheit zu unserem Kind, verändert und wie wichtig unser Kind für uns und wir für unser Kind sind. Wir spüren das ganz Besondere in unserer Beziehung zu unserem Kind.*

Diese erste Zeit verläuft besonders intensiv. Wir lernen einander immer besser kennen. Besonders durch den Kontakt in der ersten Zeit entwickelt sich eine enge, intensive emotionale Beziehung zwischen unserem Kind und uns Eltern, die man in der Psychologie *Bindung* nennt.**

Beziehung aufbauen

Ein wesentlicher Faktor für eine sichere Bindung zwischen Eltern und Kind ist die Feinfühligkeit der Eltern. Damit ist nicht nur die emotionale Komponente gemeint. Dazu gehört auch

- ob und wie wir die Signale unseres Kindes wahrnehmen, z. B.:
  - Wie beobachte ich die Signale, die mein Kind aussendet? – Bin ich aufmerksam?
  - Achte ich auch auf die körperlichen, nonverbalen Signale, Körperhaltung, Mimik? – Habe ich mein Kind im Blick, wenn es nicht schreit?

---

* Es ist nicht ungewöhnlich, dass in den ersten Tagen nach der Geburt neben Freude auch Stimmungsschwankungen, Erschöpfung, Reizbarkeit, Ängstlichkeit oder Nervosität auftreten. Eine Geburt und die damit verbundene Veränderung der ganzen Lebenssituation ist für den Körper und die Psyche eine enorme Leistung. Bleiben solche Symptome allerdings längere Zeit bestehen, zögern Sie nicht, professionelle Hilfe aufzusuchen, um die Krankheitsphase möglichst kurz zu halten und langfristige negative Folgen sowie unnötige Schuld- oder Schamgefühle zu vermeiden. Eine solche sogenannte postpartale Depression ist in der Regel gut behandelbar.

** Bindung entsteht zwischen dem Kind und seiner Bezugsperson. Da die Bezugsperson in den meisten Fällen die Eltern sind, werden wir im Folgenden von den Eltern als Bezugsperson reden.

- wie wir die Signale unseres Kindes interpretieren, z. B.:
  - Wie deute ich die Signale? – Hat mein Kind Hunger oder ist es müde?
  - Wie bewerte ich die Signale? – Hat mein Kind starken Hunger oder geht es noch?
- wie wir auf die Signale unseres Kindes reagieren, z. B.:
  - Signalisiere ich meinem Kind, dass ich seine Signale wahrnehme? – Nehme ich z. B. Blickkontakt auf?
  - Gehe ich angemessen auf seine Bedürfnisse ein? – Wenn das Kind z. B. Angst zeigt, beruhige ich es ausreichend? Fühlt es sich wohl? Wie reagiert mein Kind auf meine Reaktion?[5]

Nimmt unser Kind einen Zusammenhang zwischen seinem Verhalten und dem wahr, wie wir darauf antworten? All dies gibt unserem Kind Rückmeldung darüber, wie zuverlässig wir auf seine Bedürfnisse reagieren. Infolgedessen baut es Vertrauen zu uns auf und fühlt sich sicher.

Bindung ist mehr, als dass wir die Versorgung unserer Kinder gewährleisten und schauen, dass sie ausreichend Nahrung und Schlaf haben. Unsere Kinder brauchen Liebe, Zuneigung und Zuwendung, die sie stärkt und nicht erdrückt.

Kinder entdecken die Welt

Untersuchungen zur Eltern-Kind-Bindung konnten zeigen, dass die Bindung eng mit dem sogenannten *Explorationsverhalten* der Kinder zusammenhängt, also damit, wie stark Kinder ihre Umwelt aktiv erforschen, sie entdecken und dabei aufgrund der eigenständigen Erfahrungen Schlussfolgerungen ziehen können.[6] Weiß ein Kind sich sicher, fängt es an, seine Umgebung genauer unter die Lupe zu nehmen. Als Eltern sind wir auf diese Weise eine *sichere Basis*,[7] von der aus unser Kind die Welt neugierig erkundet. Bei Problemen kann es zu uns kommen. Der »Aktionsradius« der Kinder erweitert sich dabei. D.h. Stück für Stück traut es sich mehr, von seiner Umgebung zu erkunden. Besonders schön anzusehen ist diese Entwicklung, wenn die Kinder beginnen zu robben, wie sie dann immer mehr von ihrer Umgebung »einnehmen« und für sich »erobern«. Jedes Kind entwickelt dabei seinen, oft ganz eigenen Fortbewegungsstil: Die einen ziehen sich mehr mit den Armen vorwärts, die anderen mehr seitwärts, wieder andere bewegen sich durch Drehen oder Rollen fort …

Wichtig ist, dass wir diese Motivation, die in unserem Kind entsteht, unterstützen. Unser Kind ist von Natur aus neugierig und interessiert. Es hat Spaß daran, Dinge zu erkunden. Wir können es dazu anregen, seine Umgebung zu entdecken. Reagiert es auch mal zunächst ängstlich auf Neues, können wir es beruhigen und ihm Sicherheit geben.

Ein Beispiel dazu: Manchmal erschrecken sich Kinder bei neuen Reizen, wenn z.B. beim Spielzeug durch die Bewegung ein bisher nicht gekanntes Geräusch entsteht. Sofort wandert dann der Blick des Kindes zu seinen Eltern: Welche Reaktion kann ich bei ihnen ablesen? Geht davon eine Gefahr aus? Kinder orientieren sich an den Reaktionen ihrer Eltern. Beruhigend wirkt es dann auf die Kinder, wenn sie sehen, dass die Eltern dies ebenfalls wahrgenommen haben, aber entspannt, vielleicht mit einem Lächeln, darauf reagieren. »Alles ist o.k.« Das gibt dem Kind Sicherheit und es ist dazu geneigt, diesem Geräusch nachzugehen und zu untersuchen, was es damit auf sich hat.

Indem wir seine Umgebung kindgerecht gestalten, können wir dafür sorgen, dass es sich voll darauf einlassen kann. Ein Überangebot an Spielzeug oder fortlaufende Darbietung von neuen Reizen überfordert ein Kind. Es muss seine Aufmerksamkeit ständig auf etwas Neues ausrichten und kann sich nicht die Zeit nehmen, sich intensiv mit den bereits vorhandenen Reizen auseinanderzusetzen. Eine vertraute Umgebung und wiederkehrende Abläufe hingegen geben unserem Kind Sicherheit, einen Rahmen, von dem aus es »loslegen« kann und bereit ist, Neues zu entdecken. Beobachten Sie Ihr Kind, ermutigen Sie es, wenn es Ihnen signalisiert, dass es etwas ausprobieren möchte.

Wenn Kinder auf diese Weise ihre Umwelt erkunden, stellen sie mit ihren Sinnen beispielsweise fest, welche Eigenschaften Materialien haben oder welche Folgen ihr Tun hat. »Was passiert, wenn ich den Knopf drücke?« Sie können daraus Gesetzmäßigkeiten ableiten: »Wenn ich einen runden Gegenstand anstupse, dann rollt er.«

Sie testen außerdem aus, welche Fähigkeiten sie selbst haben. Durch das Auseinandersetzen mit den Beschaffenheiten der Welt und ihrer Person erweitern sie die eigene Kompetenz.

Wenn unser Kind also mit seiner Umwelt in Kontakt tritt, so hilft ihm dies, sich ein realistisches Bild von sich selbst und von der Welt zu machen. Ein Bewusstsein für sich und die Welt baut sich auf. Es lernt, wann und wie etwas funktioniert und wann und wie nicht. Auf diese Weise kann es sich zurechtfinden und sich erfolgreich mit ihr auseinandersetzen. Selbstvertrauen baut sich dadurch auf. Unser Kind erlebt sich als kompetent und kann seine Potenziale entfalten.

Was bewirkt eine sichere Bindung?

Wir schenken unserem Kind Aufmerksamkeit und Zuwendung, wir geben ihm dadurch Sicherheit und Orientierung und reduzieren damit aufkommenden »Stress«. Als Eltern geben Sie Ihrem Kind auf diese Weise das Grundvertrauen, das es benötigt, um sich in dieser Welt zurechtfinden zu können. Dieses Grundvertrauen ermöglicht es dem Kind, sich zu öffnen und sich zu entfalten. Es kann sich voll und ganz auf seine Umgebung einlassen und ist nicht ständig mit Unsicherheiten oder Zweifeln beschäftigt. Wir können es auf diese Weise in seiner Kompetenz und Autonomie stärken.

Indem wir unser Kind bedingungslos lieben, bei ihm bleiben, auch wenn es Schwierigkeiten gibt, geben wir ihm eine Stabilität: Es kann sich anlehnen und Kraft schöpfen.

Gerade wenn Kinder auch mal schwierig sind, ist es wichtig, sie die positive Beziehung zu uns spüren zu lassen und an sie zu glauben. Dies gibt ihnen Halt und hilft ihnen, durch schwierige Situationen zu gehen.

Erziehung ist daher eine Begleitung durch alle Lebenssituationen des Kindes, durch alle glücklichen Momente, aber auch durch Probleme und Krisen hindurch. Diese Erfahrungen nimmt es für sein ganzes Leben mit. Dieses Grundvertrauen wirkt als innewohnende Kraft und als Ort der Geborgenheit.

Verbunden und frei: Indem wir versuchen, eine vertrauensvolle und stabile Beziehung zum Kind aufzubauen, befriedigen wir seine Bedürfnisse nach Sicherheit, nach Zugehörigkeit, nach Anerkennung und Wertschätzung und helfen ihm durch diese stabile Basis, sich selbst zu verwirklichen.[8] Auch wir spüren, unser Kind gehört zu uns und wir gehören zu unserem Kind. Zwischen uns entsteht ein Band, das uns für immer verbindet.

Dennoch soll es aber nicht unser Kind an uns binden. Vielmehr ermöglicht dieses Band unserem Kind, beschützt und sicher durch die Welt zu gehen. Wir können es zwar nicht vor allen Gefahren schützen, aber diese sichere Bindung ist für unser Kind ein Ausgangspunkt, um die Welt zu entdecken, kennenzulernen und dabei immer mehr selbst einschätzen zu können, welche Fähigkeiten es hat, wie es diese einsetzen kann und welche Gefahren es beachten muss. Auf diese Weise kann es sich in dieser Welt zurechtfinden und selbständig werden. In vielerlei Hinsicht ist eine sichere Bindung die Grundvoraussetzung für eine gesunde Entwicklung des Kindes.

Was sagt die Forschung zum Thema Bindung?

Die Sicherheit der Bindung zwischen den Eltern und ihren Kindern steht in Zusammenhang mit Merkmalen wie Unabhängigkeit, Selbstwertgefühl oder Schulleistung und ist ein Prädiktor, d. h. eine Vorhersagevariable, für ihre späteren sozialen Beziehungen, z. B. die Beziehung zu Spielgefährten, Gleichaltrigen oder die romantischen Beziehungen im Erwachsenenalter.[9]

Für die Bindungsentwicklung ist vor allem die Zeitspanne zwischen dem 6. und 24. Lebensmonat und dort besonders zwischen dem 12. und 18. Lebensmonat relevant.[10] Die Bindung zu den Eltern bildet einen wichtigen Ausgangspunkt, von dem aus unser Kind auf gewisse Weise geprägt wird, wie es weitere Erfahrungen tätigt. Gleichzeitig bestimmen die Erfahrungen, die Kinder in dieser frühen Zeit machen, nicht alleinig, wie die Kinder sich weiterentwickeln werden. Natürlich wirken alle Erfahrungen in ihrer Gesamtheit auf die Entwicklung unseres Kindes und so ist natürlich auch die weitere elterliche Fürsorge und Zuwendung für unser Kind von großer Bedeutung.[11]

Die frühe sichere Bindung zum Kind und das Aufrechterhalten der positiven Beziehung, während es sich entwickelt, wirkt sich positiv auf die Entwicklung und die seelische Gesundheit unseres Kindes aus.[12]

Die Kommunikation mit unserem Kind spielt dabei eine wichtige Rolle in der Beziehung zu unserem Kind.

1.3 »Was meinst du dazu?« – Unser Miteinander positiv gestalten

Unsere Beziehung zu unserem Kind können wir durch unsere Kommunikation mit ihm stärken. Was bedeutet Kommunikation?

Kommunikation besteht nicht nur in den bloßen Worten oder Sätzen, die wir äußern. Kommunikation ist viel mehr. Kommunikation beinhaltet auch, wie wir uns einander gegenüber verhalten und wie wir etwas sagen. Halten wir Blickkontakt? Sind wir zugewandt? Welchen Gesichtsausdruck haben wir? Wie laut oder bestimmt sagen wir etwas? Oder wie sanft und einfühlend drücken wir uns aus? Sie sehen, es gibt ganz viele Aspekte, *wie* wir etwas sagen. Schon Nuancen in unserer Stimme oder in unserer Mimik können unserem Gesagten eine neue Bedeutung verleihen.

Unsere aktuelle Stimmung und unser Befinden können sich in unserer Kommunikation ausdrücken, manchmal ohne dass wir es bemerken. Auch unsere Haltung, die wir der anderen Person gegenüber einnehmen, kann sich darin widerspiegeln. Der Satz »Das hast du aber gut hinbekommen!« wirkt anders je nachdem, ob wir ihn wertschätzend und anerkennend aussprechen oder ob wir ihn mit einer Portion Ironie abfällig negativ bewertend aussprechen.

Manchmal sind für die Kommunikation keine Worte oder Äußerungen nötig. Auch wenn unser Kind z. B. vor lauter Freude umherhüpft oder auch wenn es bockig ist, dann kommuniziert es auf diese Weise auch mit uns. Es will sich ausdrücken und in dem Moment ist es seine eigene Art der Kommunikation.

Feinfühligkeit und Weitsichtigkeit in der Kommunikation

Wir haben schon gesehen, Feinfühligkeit spielt eine entscheidende Rolle dabei, wie gut wir in der Lage sind, unser Kind zu verstehen und angemessen auf seine Bedürfnisse zu reagieren.

Es ist ein intensives Reinhören ins Kind, ein Achtsamsein auf seine körperlichen Signale, auf seine Worte und Gedanken und ein Bemühen, seine Gefühle zu erfragen, zu erspüren. Wir wollen genau wissen: »Was geht in meinem Kind vor?«

Was erleichtert uns so eine Feinfühligkeit? Um feinfühlig wahrnehmen zu können, muss ich selbst frei sein. Ich muss mir Zeit dafür nehmen. Wenn ich gerade im Stress bin, weil ich schnell noch etwas erledigen und gleich wieder weg muss, werde ich mich dieser Wahrnehmung weniger widmen können. Und natürlich muss ich im Kopf frei sein. Wenn mich gerade z. B. persönliche Sorgen quälen oder ich mit wichtigen beruflichen Vorbereitungen beschäftigt bin, kann ich mich nicht so intensiv auf mein Kind einlassen, wie ich das vielleicht gern tun möchte.

Versuchen Sie, sich Zeit für Ihr Kind und für Sie selbst zu nehmen. Ich weiß, in der heutigen »schnelllebigen« Zeit erscheint uns dies oft nicht so einfach, aber Sie können versuchen, Prioritäten zu setzen, denn Zeit hat man nur, wenn man sie sich nimmt … Es tut unserem Kind gut, wenn es weiß, es hat unsere ungeteilte Aufmerksamkeit und wir sind für unser Kind emotional voll verfügbar.

Gemeinsam Zeit verbringen

Feinfühlig zu sein bedeutet auch weitsichtig zu sein – dass ich beispielsweise weiß, dass jeder Mensch anders ist und ich nicht unbedingt von meinen Gedanken, Gefühlen und Verhaltensweisen auf andere Menschen oder von den Gedanken, Gefühlen und Verhaltensweisen des einen Kindes auf ein anderes Kind schließen kann. D.h. Feinfühligkeit beinhaltet, dass wir wirklich individuell die Perspektive unseres Kindes übernehmen und dass wir uns bewusst sind, dass unser Kind ein Kind ist und eben noch kein Erwachsener (vgl. Kapitel 4.3).

Wenn wir feinfühlig beobachten, nehmen wir weitsichtig wahr, wie das Verhalten unseres Kindes auch mit der aktuellen Situation oder mit vorhergehenden Erfahrungen zusammenhängt. Ist es quengelig, weil es jetzt auf die Abendstunden zugeht und es einfach müde ist? D.h. wenn ich auf Zusammenhänge achte und sie erkenne und realisiere, ermöglicht mir diese Weitsichtigkeit auch, mit größerer Feinfühligkeit mit meinem Kind umgehen zu können.

Klare Kommunikation und Selbstbild

Wenn unser Kind sich äußert oder wir uns unserem Kind gegenüber äußern, so können wir uns dabei gegenseitig verschiedene Mitteilungen geben. Der Psychologe Friedemann Schulz von Thun hat sich intensiv mit dem Thema

Kommunikation beschäftigt und kommt zu dem Schluss, dass eine Äußerung vier verschiedene Aspekte transportieren kann: den Sachinhalt, die Selbstkundgabe, den Beziehungshinweis und den Appell:[13]

- Bei unserem Kind können wir hören, welches Thema es anspricht, d. h. wir erhalten Informationen und Fakten des *Sachinhalts*.
  Bei dem Satz »Ich will Essen!« wäre der Sachinhalt beispielsweise, dass unser Kind Nahrung möchte.
  Wenn wir uns bei einer Mitteilung besonders auf die Sachinhalte konzentrieren, hören wir mit unserem *Sach-Ohr*.
- Wir können auch heraushören, wie es sich gerade fühlt, was es gerade denkt oder wie es sich selbst sieht. Was gibt es mit dem, was es sagt und wie es kommuniziert, über sich preis? Das ist seine *Selbstkundgabe*.
  Bei dem Satz »Ich will Essen!« wäre die Selbstkundgabe beispielsweise »Ich bin hungrig und ungeduldig.«
  Wenn wir uns bei einer Mitteilung besonders auf die Selbstkundgabe konzentrieren, hören wir mit unserem *Selbstkundgabe-Ohr*.
- Des Weiteren bekommen wir über die *Beziehungshinweise* mit, wie es uns gegenüber steht, wie es unsere Beziehung wahrnimmt.
  Bei dem Satz »Ich will Essen!« wäre der Beziehungshinweis beispielsweise »Du kümmerst dich nicht genug um mich!«
  Wenn wir uns bei einer Mitteilung besonders auf die Beziehungshinweise konzentrieren, hören wir mit unserem *Beziehungs-Ohr*.
- Und schließlich können wir wahrnehmen, was unser Kind von uns erwartet, was es will, dass wir tun oder

auch fühlen und denken. Dies ist die *Appellseite* einer Äußerung.
Bei dem Satz »Ich will Essen!« wäre der Appell beispielsweise »Gib mir etwas zu essen!«
Wenn wir uns bei einer Mitteilung besonders auf die Appelle konzentrieren, hören wir mit unserem *Appell-Ohr*.

Je nachdem, was wir uns gegenseitig mitteilen wollen, betonen wir verschiedene Aspekte. Diese Aspekte, die wir direkt oder indirekt in unserer Kommunikation übermitteln, sind uns selbst nicht immer bewusst. Wir haben gleichsam keinen Einfluss darauf, ob unser Gegenüber unsere Äußerung auch so versteht, wie wir sie gemeint haben, ob er versteht, dass wir ihm mit unserer Aussage mehr den Sachinhalt, die Selbstkundgabe, den Beziehungshinweis oder den Appell mitteilen wollten. Er kann seinerseits mehr mit seinem Sachinhalts-Ohr, mit seinem Selbstkundgabe-Ohr, seinem Beziehungs-Ohr oder/und mit seinem Appell-Ohr hören. Auf diesen Ebenen können Missverständnisse entstehen.[14] Im Beispiel wäre das, dass unser Kind uns nur mitteilen will, dass es nun Essen braucht, wir aber heraushören, dass wir uns nicht genug kümmern und dadurch auf eine gewisse Weise auf unser Kind reagieren.

Um solche Missverständnisse zu vermeiden, ist es wichtig, dass wir zum einen unserem Kind gut zuhören, was es uns mitteilen will, und dass wir uns zum anderen unserem Kind gegenüber klar und deutlich ausdrücken. Nachfragen können uns dabei helfen.

Achten Sie mal bewusst auf Ihre Kommunikation mit Ihrem Kind. Wie sprechen Sie mit Ihm? Wie gehen Sie mit ihm in Alltagssituationen um, wenn Sie entspannt sind? Wie verändert sich Ihre Kommunikation, wenn es Konflikte zwischen Ihnen gibt? Was denkt Ihr Kind, wenn Sie auf diese Weise mit ihm reden?

Können Sie Ihre eigene Grundhaltung Ihrem Kind gegenüber beschreiben? Denken Sie, dass sich das mit dem deckt, wie Ihr Kind Ihre Haltung ihm gegenüber wahrnimmt?

Wie sieht Ihr eigenes Kommunikationsverhalten aus? Sprechen Sie eher sachlich mit Ihrem Kind und liegt Ihr Augenmerk also auf den anstehenden Themen, die durchzusprechen sind? Fragen Sie nach den Gefühlen und Gedanken Ihres Kindes? Teilen Sie eigene Gefühle und Gedanken mit? Wie sieht Ihre Beziehung zu Ihrem Kind aus? Sprechen Sie oft in Appellen mit Ihrem Kind? Was erwartet Ihr Kind von Ihnen?

Nach Schulz von Thun werden Gefühle hauptsächlich durch die Mitteilungen, die wir auf der Beziehungsebene erhalten, erzeugt.[15] Bekommt ein Kind das Gefühl, seine Person an sich wird negativ gesehen, hat das langfristig negative Auswirkungen auf sein Selbstwertgefühl bzw. darauf, wie es sich selbst sieht.[16] Gerade in Konfliktsituationen ist es deshalb hilfreich, dass wir als Eltern unterstreichen, dass die Beziehung oder die Haltung unserem Kind gegenüber sich nicht ändert, wenn es Konflikte gibt, damit unser Kind richtig einordnen kann, dass es nur um seine gezeigten Verhaltensweisen und nicht um seine Person an sich geht. Es ist wichtig, dass unser Kind lernt, dies auseinanderzuhalten, und dass wir uns da klar ausdrücken. Wenn wir unserem Kind deutlich signalisieren, dass auf der Beziehungsebene alles in Ordnung ist und wir unser Kind lieben und wertschätzen und es nur um die aktuell gezeigte Verhaltensweise geht, kann es dies richtig verstehen, dazulernen und ein positives Bild von sich herausbilden.

Kommunikation fördern

Gespräche mit unserem Kind oder gezielte Rückfragen – soweit dies das Alter und auch die momentane Aufmerksamkeit und Stimmung zulassen – können uns wertvolle Einblicke in die Gedankengänge und in die Gefühlswelt unseres Kindes geben. Sie können auch dazu beitragen, dass unser Kind sich selbst besser kennenlernt und eigene Gedanken, Gefühle, Bedürfnisse, aber auch eigene Grenzen genauer erkennen kann (vgl. Kapitel 2.1). Wir können unser Kind zum Erzählen ermuntern, indem wir ihm möglichst offene Fragen stellen und ihm aufmerksam zuhören und es möglichst wenig unterbrechen. Dies unterstützt die Motivation und die Beteiligung unseres Kindes.

Das Selbstvertrauen unseres Kindes können wir im Alltag auch fördern, indem wir seine Meinung einbeziehen und es an Entscheidungen beteiligen. Klare Fragen wie »Wie findest du …?« oder »Wie würdest du das machen?« führen dazu, dass sich Kinder über eigene Gefühle, Wünsche, Bedürfnisse, Meinungen und Sichtweisen Gedanken machen. Indem sie gleichberechtigt an der Entscheidungsfindung beteiligt werden, entdecken sie die Wichtigkeit ihrer Stimme.

Außerdem setzen sie sich damit auseinander, dass es verschiedene Sichtweisen gibt, die berücksichtigt und diskutiert werden. Meinungsverschiedenheiten gehören zum Leben dazu, man muss sie aushalten können und konstruktiv damit umgehen. Beide Seiten können durch solche Situationen dazulernen und ihre Sicht erweitern. Die Beteiligung an Diskussionen fördert die Entscheidungsfähigkeit und Problemlösefertigkeiten unserer Kinder.

Im Prinzip sind wir als Eltern auch Kommunikationshelfer – wer sich und seine Umwelt realistisch wahrnimmt, kann kompetent und selbstbewusst durch sein Leben gehen.

Positive, wertschätzende Kommunikation auf Augenhöhe
Die Haltung, die wir bewusst oder unbewusst unserem Kind gegenüber einnehmen, hat einen enormen Einfluss auf unser Kind. Wir möchten auch, dass Personen mit uns freundlich und respektvoll umgehen und dass sie uns wirklich zuhören und uns wichtig nehmen.

Vieles, was wir sagen, überdenken wir nicht. Es rutscht uns raus und oft sind wir uns nicht einmal bewusst, welche Wirkungen von manchen Aussagen ausgehen können.

Kinder sind Kinder, sie lernen vieles erst noch und denken und handeln anders als Erwachsene. Aussagen wie »Das hättest du doch wissen können!« machen Kindern unsinnige Vorwürfe. Auch Äußerungen wie »Das habe ich genau gewusst!« demonstrieren im Kern die eigene Stärke und Überlegenheit und geben gleichzeitig unserem Gegenüber ein Gefühl der Unterlegenheit und Unzulänglichkeit. Ein »Machtgefälle« macht sich breit. Für ein gutes Miteinander ist eine Kommunikation auf Augenhöhe die Ausgangsbasis.

Ein wichtiges Element für eine Kommunikation auf Augenhöhe ist, dass wir keine Vergleiche und Verurteilungen einander gegenüber vornehmen. Marshall Rosenberg, der Begründer der sogenannten *Gewaltfreien Kommunikation*, hat die negativen Auswirkungen von Verurteilungen und Vergleichen ausführlich dargestellt.[17] Verurteilungen sind z. B. Beleidigungen, Beschuldigungen, Bewertungen. Sätze wie »Jetzt habe ich es dir schon so oft erklärt und du verstehst es immer noch nicht!«, »Wieso kannst du dir nicht ein Beispiel an Sara und Tim nehmen?« oder »Wieso sind die anderen in der Klassenarbeit viel besser als du?« können sehr verletzend, abwertend und / oder demotivierend wirken. Dies kann zu Scham- oder Schuldgefühlen führen und dazu, dass wir uns selbst in Frage stellen und an uns zweifeln. Derartige Aussagen können uns unter Druck setzen, Frustrationen und Aggressionen können entstehen. Sie greifen unsere Persönlichkeit an – wir nehmen eine Abwehrhaltung ein.

Was für die Kommunikation unter Erwachsenen gilt, Verurteilungen und Vergleiche zu unterlassen, ist umso mehr im Umgang mit Kindern wichtig. Zum einen orientiert sich ein Kind an den Eltern und nimmt das, was die Eltern sagen, als »wahr« an.

Zum anderen steht für das Kind vor allem seine eigene Person im Vordergrund und mögliche andere Ursachen sind ihm wenig präsent. Wenn also Eltern z.B. gereizt reagieren, weil sie beruflich stark unter Druck stehen und gestresst sind, tendieren Kinder dazu, dies als einen Beziehungshinweis zu bewerten (»Die sind wegen *mir* sauer«). Dass diese Gereiztheit auf andere äußere Einflüsse zurückzuführen ist, die nichts mit ihm und der aktuellen Situation zu tun haben und als Selbstkundgabe zu interpretieren ist (»Die sind jetzt nur sauer, weil die gerade im Stress sind«), können vor allem kleine Kinder schwer nachvollziehen. Sie können nur schwer die einzelnen Ebenen einer Aussage auseinanderhalten und fokussieren vor allem auf die nichtsprachlichen Elemente einer Mitteilung, also z.B. auf die wahrgenommenen Gefühle.

Solch negative Gefühle wie Schuld oder Scham, die durch Verurteilungen und Vergleiche im Kind entstehen, können für ein Kind extrem belastend sein. Sie greifen sein Selbstkonzept an. Auf lange Sicht schlägt sich das in einem schwachen Selbstvertrauen nieder.

Besonders belastend können Äußerungen sein, die generelle Vorwürfe – z.B. es ist »immer« so oder »nie« geschieht etwas, »alles« oder »nichts« ist so – beinhalten:

- »*Immer* machst du Krach, kannst du denn *nie* ruhig sein?«
- »*Immer* sieht's bei dir aus wie bei Hempels unter'm Sofa! Kannst du denn *nie* mal etwas ordentlich machen?«
- »Schon wieder eine 4 in Mathe! Wieso lernst du denn *nie*?«

Mit solchen Aussagen werfen wir unserem Kind eine generelle Unzulänglichkeit vor. Zudem nimmt unser Kind negative, gegen sich gerichtete Emotionen wahr. Derartige Äußerungen fördern bei unserem Kind die Sichtweise, sich in den angesprochenen Bereichen oder sich generell als inkompetent und unfähig anzusehen und das als gegeben, als stabile Tatsache wahrzunehmen. Hört es derartige Mitteilungen immer wieder, stellt es sich selbst und seine Fähigkeiten in Frage. Auch hier wird seine Persönlichkeit angegriffen. Das kratzt in der Folge seinen Selbstwert an, es fühlt sich minderwertig und dies entmutigt, demotiviert und blockiert. Unternehmungen, dazuzulernen und sich Kompetenzen in diesem Bereich anzueignen, wirken überflüssig und erscheinen sinnlos. Die Bereitschaft, sich dennoch anzustrengen und entgegenzuwirken, scheint nicht mehr nötig. Wieso soll man kämpfen, wenn man sowieso nichts ändern kann?

Wenn wir merken, dass wir bei unserem Kind Vergleiche anstellen oder Verurteilungen äußern, ist es gut für uns, selbst herauszufinden, was eigentlich dahintersteckt. Insbesondere in Situationen, in denen wir gestresst sind, neigen wir zu Verurteilungen und werfen unserem Kind oder einer anderen Person bestimmte Dinge vor: »*Du* bist ...«, »*Du* machst ...«, »Wegen *dir* ...« Wir benutzen die Du-Form.[18]

Wenn wir eine solche Angespanntheit bei uns selbst erkennen, sollten wir uns bewusst eine Auszeit nehmen, um solche »emotionalen Entladungen« zu vermeiden. Wenn wir wieder zur Ruhe gekommen sind, wählen wir eine andere Denk- und Sprechweise, um die Realität, die hinter diesen Sätzen steht, konkret und differenziert zu beschreiben. Dafür hilft es, folgende zwei Ebenen zu durchleuchten:

1. Wie fühle *ich* mich gerade? Was ist der Grund für *meine* Angespanntheit? Sind es eigene Probleme, sind es Sorgen? Wie kann *ich* sie aktiv und konstruktiv lösen? Habe *ich* im Moment Erwartungen an mein Kind oder an mich selbst? Welche? Wie kann *ich* diese sinnvoll formulieren?

Ich mache mir also erstens Gedanken um meine eigene Person, statt meinem Kind emotionsgeladen irgendwelche Dinge vorzuhalten. Dies hilft, an die Wurzel vorzudringen. Ängste oder Sorgen ums Kind können hinter solchen Äußerungen stehen. Gerade im schulischen Bereich, in dem es ständig Bewertungen gibt, neigen wir als Eltern schnell dazu, Vergleiche anzustellen: »Ob es wohl in Deutsch mithalten kann? Hat es für Mathe wohl genug gelernt?« Es können ebenfalls eigene, oft auch unsinnige Ansprüche, Werte oder Meinungen – »Man muss mindestens so gut wie die anderen sein, sonst ist man nichts wert!« oder »Hauptschule kommt überhaupt nicht in Frage!« – dahinterstecken. Oft sind uns diese nicht so bewusst und es tut gut, wenn man ab und zu in sich hineinhört und die Werte, Einstellungen, Vorstellungen, die man mit sich herumträgt, von Zeit zu Zeit hinterfragt. Die Hintergründe herauszufinden führt uns weiter und hilft uns, adäquat mit ihnen umzugehen.

Und ich mache mir zweitens Gedanken um mein Kind:

2. Wie fühlt sich mein Kind gerade? Was tut es gerade oder was will es gerade tun? Was will es damit erreichen? Welche Erwartungen hat es an mich?

Versuchen Sie, Ihre eigenen momentanen Bedürfnisse wahrzunehmen, und nehmen Sie die momentanen Bedürfnisse Ihres Kindes wahr. Unterschiedliche Bedürfnisse können zu Konflikten führen. Das ist ganz normal. Doch wie gehen wir damit um?

Wenn wir unserem Kind kindgerecht unsere Situation erklären – und gleichzeitig das Kind mit der eigenen Lage nicht belasten –, erleichtert dies ihm, die Situation einordnen zu können. Es kann uns besser verstehen, wenn es die Gründe für unsere Einstellung und Ansprüche kennt und versteht. Wir können in der Ich-Form, also konkret von unseren Gefühlen, Bedürfnissen und Erwartungen, sprechen, anstatt in der Du-Form zu sprechen und unser Kind zu verurteilen.[19] Wir können unserem Kind auch zurückmelden, dass wir seine Bedürfnisse wahrnehmen, und können auf sie eingehen. Oft benötigt unser Kind nur eine Rückmeldung, dass wir es beachten und wertschätzen. Wir können uns gegebenenfalls Alternativen und Kompromisse überlegen und mit unserem Kind Absprachen treffen. Dies kann dann z. B. so aussehen:

- Aus »Immer machst *du* Krach, kannst *du* denn nie ruhig sein?« wird: »*Ich* versuche mich zu konzentrieren und dafür wäre Ruhe ganz gut. Geh doch nach draußen spielen. In zehn Minuten bin ich so weit.«
  In diesem Beispiel wird die Lage geklärt, das eigene Bedürfnis nach Ruhe wird mitgeteilt, der Bewegungsdrang des Kindes wird wahrgenommen und mit den unterschiedlichen Bedürfnissen wurde konstruktiv umgegangen. Das Kind wird beachtet und kann durch die Erklärung die Situation einschätzen.
- Aus »Immer sieht's *bei dir* aus wie bei Hempels hinterm Sofa! Kannst *du* denn nie mal etwas ordentlich machen?«

wird: »Ich möchte in einer halben Stunde in deinem Zimmer gern durchsaugen. Räume bitte die Puzzles in den Spieleschrank und die Bücher ins Regal. Deine Legostraße kannst du von mir aus stehen lassen, wenn du sie an die Seite schiebst.«
In diesem Beispiel wird die Lage geklärt, das eigene Bedürfnis nach Sauberkeit wird mitgeteilt. Die Erwartung wird konkret dargelegt und das Kind weiß genau, was von ihm erwartet wird. Es wird wahrgenommen, dass das Kind gern am nächsten Tag an der Legostraße weiterspielen will, und dem auch Rechnung getragen, indem hier ein Kompromiss geschlossen wurde.

Positiv formulierte, klare und konkrete Aufforderungen helfen unserem Kind. Sie stellen konkrete Ansatzpunkte für unser Kind bereit und geben ihm eine positive Sichtweise, um kompetent mit der Situation umzugehen.

Offenheit und Vertrauen fördern

Offenheit ist etwas, was einer Beziehung guttut. Gerade Kindern hilft es, wenn sie wissen, dass sie mit all ihren Sorgen, Ängsten und Problemen zu uns kommen können, sie damit nicht allein sind und sich nicht verstecken müssen.

Ein Beispiel: Ein Junge bekommt mit, dass seine Mutter schwanger ist und er ein Geschwisterchen bekommt. Seine Eltern erklären ihm, dass seine Mutter zur Entbindung dann ins Krankenhaus gehen wird.

In den nächsten Wochen wird der Junge immer ruhiger und ängstlicher und zieht sich immer mehr zurück. Die Eltern wundern sich sehr über seine Veränderung und machen sich große Sorgen. Es dauert eine ganze Weile, bis sie den Grund herausfinden: Weil seine Oma zuvor im Krankenhaus gestorben war, ging er davon aus, dass seine Mutter im Krankenhaus auch sterben würde …

Wenn uns auffällt, dass unser Kind sich anders als sonst verhält – ungewöhnlich ruhig, ängstlich oder aggressiv –, machen wir uns Gedanken. Wir fragen uns, wieso oder weshalb unser Kind so handelt, wie es handelt, und überlegen, seit wann das so ist und was der Auslöser dafür sein könnte.

Auch wenn Kinder körperliche Beschwerden wie Kopfweh oder Bauchschmerzen haben, sollte an eine mögliche psychische Komponente gedacht werden, gleichwohl sollten anhaltende Beschwerden auf jeden Fall ärztlich abgeklärt werden. So kann z.B. herausgefunden werden, ob morgendliches Bauchweh durch Schulangst oder eine Lactoseintoleranz ausgelöst wird.

Wenn wir merken, dass unserem Kind etwas auf der Seele liegt, so ermuntern wir es ruhig und behutsam, darüber zu reden, um uns vorsichtig an die Wurzel des Problems heranzutasten. Essenziell ist dabei, keinen Druck aufzubauen, sondern Empathie und Feinfühligkeit sind in solchen Situationen gefragt. Ein emotionsgeladenes »Sag mir jetzt sofort, was los ist!« überfordert das Kind und es verschließt sich mehr. Oft spielen Gefühle wie das Gefühl, etwas falsch gemacht zu haben, Schuld oder Scham eine große Rolle und werden durch so eine Atmosphäre noch bestärkt. Insbesondere bei sensiblen, ängstlichen Kindern oder bei Kindern, die hohe Ansprüche an sich selbst stellen, ist es wichtig, dass wir ihnen Zeit geben, sich zu öffnen, und sie nicht drängen.

In solchen Momenten ist es wichtig, dass wir unser Kind wissen lassen, dass, egal was es ist oder was war, wir es lieb haben, dass wir bei ihm sind und ruhig mit ihm sprechen und nicht schimpfen werden.

Wenn das Kind sich traut, über Schwierigkeiten, Probleme, Ängste, Sorgen, Fehler oder dergleichen zu reden, kann es sich uns oder jemand anderem anvertrauen und sich die Dinge von der Seele reden. Oft hat das Reden allein schon eine befreiende Wirkung auf das Kind.

Unser Kind baut Vertrauen auf,

- wenn es ein Gefühl von Wertschätzung vermittelt bekommt. Es weiß dann, dass es uns als Person wichtig ist und dass wir Anteil nehmen an dem, was es beschäftigt und was es tut. Unser Kind spürt dies, wenn wir ihm dieses Interesse zeigen.
- wenn es dabei ein Gefühl eines vollständigen Angenommenseins vermittelt bekommt. Das Gefühl, dass es so sein darf, wie es ist, und dass es sich nicht verstellen muss. Unser Kind braucht die Erfahrung, dass wir für es da sind, auch wenn es mal Fehler macht, und dass es mit Problemen und Schwächen zu uns kommen kann.
- wenn es weiß, dass es sich auf uns verlassen kann. Das heißt, dass wir in unserem Verhalten unserem Kind gegenüber verlässlich, vorhersehbar und transparent sind, dass wir z.B. Hilfe geben, wenn es Hilfe braucht, und uns ihm gegenüber nicht plötzlich grundlos negativ verhalten. Dazu gehört, dass wir nicht mit ihm schimpfen oder es verurteilen, wenn es mit einem Problem zu uns kommt, sondern dass wir ihm zuhören, mit ihm reden und gemeinsam überlegen, wie wir das Problem angehen und in Zukunft solche Situationen vermeiden bzw. alternative Verhaltensweisen besprechen und es dadurch stärken.

Als Mutter war und ist mir dabei immer besonders wichtig, dass unsere Kinder wissen, dass sie sich Hilfe holen können, wenn sie etwas bedrückt, und sich jemandem anvertrauen können und nicht allein mit ihren Problemen zurechtkommen müssen. Wichtig erscheint es mir dabei auch, dass wir unseren Kindern signalisieren, dass sie z. B. auch mit den Großeltern, Freunden oder anderen ihnen nahestehenden Personen sprechen können, wenn ihnen danach ist.

Durch die offene Kommunikation mit und dem Interesse an unserem Kind sind wir gut darüber informiert, was unser Kind tut und wo und mit wem unser Kind unterwegs ist. Das Ausmaß, indem wir als Eltern darüber Bescheid wissen, nennt man *Monitoring.*[20]

Was sagt die Forschung zu den Themen Eltern-Kind-Kommunikation und Monitoring?

Ein unterstützendes Umfeld, in dem viel Wert auf die gegenseitige Kommunikation gelegt wird, fördert das Leistungsverhalten von Jugendlichen. Darüber hinaus stellt eine produktive Kommunikation zwischen dem Kind und seinen Eltern, d. h. wie oft Jugendliche mit ihren Eltern über verschiedene wichtige Themen wie persönliche Probleme, Drogen- und Alkoholkonsum oder Verhütung reden, einen wichtigen Schutzfaktor gegen Verhaltensprobleme dar.[21]

Die Bereitschaft beim Kind, sich den Eltern mitzuteilen, spielt eine wichtige Rolle. Das Monitoring sollte von den Kindern bzw. von den Jugendlichen dabei nicht als Überwachung und Einschränkung empfunden werden. Das Gefühl, wie sehr sich die Jugendlichen von den Eltern kontrolliert fühlen, wirkt sich darauf aus, wie sehr die Jugendlichen ihren Eltern vertrauen und Auskunft darüber geben, wo sie sich aufhalten oder mit wem sie dabei zusammen unterwegs sind. Ist diese Vertrauensbasis in der Familie hoch, so ermöglicht dies den Eltern, mit dem Kind und später mit dem Jugendlichen im Gespräch zu bleiben und problematische Themen offen besprechen zu können. Auf diese Weise können Eltern mögliches Problemverhalten verhindern, reduzieren oder ihre Kinder vor potenziellen problematischen Einflüssen von Gleichaltrigen schützen.[22]

Die Offenheit der Kommunikation bzw. die Bereitschaft, gern von sich, seinen Freunden und seinen Aktivitäten zu berichten, hängt davon ab, ob unser Kind unser wirkliches Interesse und unsere Fürsorge spürt oder ob es sich kontrolliert und bewacht fühlt.

Ein Vorbild sein – Offenheit vorleben

Offenheit ist etwas, das wir unseren Kindern vorleben können. So zeigen wir uns beispielsweise offen und glaubwürdig, wenn wir unsererseits genauso offen dazu stehen, wenn etwas mal nicht gut lief. Von einer Entschuldigung wie »Es tut mir leid, vorher war ich ziemlich im Stress. Das war so nicht o.k., wie ich mich verhalten habe« kann unser Kind beispielsweise lernen, dass es menschlich ist, Fehler zu machen und wie man verantwortlich damit umgeht.

Offenheit bedeutet beispielsweise auch, dass wir unser Kind *kindgemäß* in Themen, die uns und unsere Familie beschäftigen, mit einbeziehen. Gerade in Problemsituationen wie Krankheit, Tod, Arbeitslosigkeit oder Streitigkeiten in der Familie ist es wichtig, dass wir an unser Kind denken und es nicht am Wegrand allein stehen lassen. Ein Kind ist nicht dumm. Es merkt daran, wie wir miteinander umgehen, wie unsere Stimmung ist, dass »etwas nicht stimmt«, und macht sich seine eigenen Gedanken.

Manchmal machen sich Kinder dann unnötige Gedanken und Sorgen, weil sie Situationen falsch einschätzen. Z.B. kann es sein, dass sie bei einem Ehestreit gleich denken, dass die Eltern sich trennen würden. Deshalb ist es wichtig, dass wir mit unseren Kindern reden und sie z.B.

lernen, dass auch Eltern sich mal streiten, so wie auch unser Kind sich ab und an mit seinen Freunden streitet. Wir können darin Vorbild sein, *wie* wir miteinander umgehen und wie wir mit Problemen umgehen. Dazu hören wir noch mehr in Kapitel 5.

Scheuen Sie sich also nicht davor, mit Ihrem Kind auch offen über schwierige Themen zu sprechen. Dies kann ihm helfen, Fragen zu stellen, sich das richtige Bild zu machen und sich manche belastende Situation von der Seele zu reden. Hilfreich ist es dabei, den Fokus auf die Lösung der Probleme und auf Gedanken, die ihm helfen, mögliche negative Eindrücke zu verarbeiten, zu legen (vgl. Kapitel 2.3).

2. Unser Kind in seinem Grundvertrauen bestärken

JULIA BIESINGER

Durch die positive Gestaltung unserer Beziehung zu unserem Kind und seiner Entwicklung geben wir unserem Kind innere Kraft und damit das Grundvertrauen, neue Situationen und Probleme aktiv und konstruktiv lösen zu können. Wie wir unsere Kinder die eigene Autonomie und Kompetenz spüren und entfalten lassen, die das Selbstvertrauen in ihre Persönlichkeit stärken, und wie wir dies konkret umsetzen können, stellt den Inhalt dieses zweiten Kapitels dar.

2.1 »Ich kann das!« – Wie unser Kind Vertrauen in sich und andere aufbaut

Die Fähigkeiten, sich kompetent mit sich, mit anderen und der Umwelt auseinanderzusetzen, legen einen wichtigen Grundstein für ein glückliches und zufriedenes Leben. Wenn wir uns etwas erarbeiten, wenn wir etwas gestalten, etwas schöpfen, eine Aufgabe, die wir uns vorgenommen haben, meistern, wenn wir aktiv und kreativ werden und unsere Potenziale ausleben können, dann sind wir glücklich und zufrieden. Dieses Gefühl ist für uns ganz wichtig.

Förderung der Selbständigkeit unseres Kindes

Damit unsere Kinder ein starkes, kompetentes, erfolgszuversichtliches Ich entwickeln und ein positives, realistisches Verhältnis zu sich selbst aufbauen können, ist die Förderung von selbständigem und eigenständigem Handeln eine zentrale Aufgabe für uns Eltern. Wir können sie dabei positiv begleiten und ihnen helfen, indem wir ihnen die Erfahrung »Meine Stimme und meine Meinung zählt, mein Handeln hat eine Wirkung« ermöglichen und solche Erfahrungen fördern.

Wenn unser Kind noch klein ist, benötigt es die meiste Unterstützung von uns. Nach und nach entwickelt es immer mehr eigene Kompetenzen und ist immer weniger auf unsere Hilfe angewiesen. Ein anschauliches Beispiel ist das Laufenlernen: Anfangs muss das Kind noch getragen werden, ein paar Monate später kann es selbst laufen, wird immer sicherer und kann dann Stück für Stück immer längere Strecken allein bewältigen. So ist es in allen Bereichen. Ständig lernt unser Kind hinzu.

Wenn unser Kind etwas noch nicht ganz allein schafft, weiß es, dass es bei uns Hilfe finden kann. Wir können ihm helfen und zeigen, wie etwas geht, das es noch nicht beherrscht. Wir übernehmen aber dann nicht alles und bieten keine vorschnellen Hilfen an, sondern beziehen unser Kind mit ein und lassen es gezielt die Dinge tun, die es in der betreffenden Situation schon allein beherrscht.

> Nehmen wir als Beispiel: Unser Kind lernt, sich den Reißverschluss seiner Jacke zuzumachen. Dann sollten wir es auch lassen und es darin unterstützen, seine Selbständigkeit Stück für Stück auszubauen.
>
> Ich weiß, dass ist manchmal nicht so leicht. Es dauert eine ganze Weile länger, als wenn man ihm die Jacke selbst zumachen würde … ☺

Manchmal müssen wir als Eltern dann »umschalten«. Wir müssen dann sozusagen auch lernen, dass unser Kind nun bestimmte Dinge allein kann.

Wenn wir erkennen, dass Kinder etwas schon allein können, dann legen wir in unser Kind Vertrauen und lassen es los, geben ihm Freiraum, um eigene Wege zu gehen. Dies fördert seine Selbständigkeit und hilft ihm, Vertrauen in seine eigenen Kompetenzen zu bilden, indem es seine Kompetenzen dadurch auf-, ausbauen und festigen kann. Wir helfen unserem Kind dabei am effektivsten, wenn wir es aufmerksam beobachten und Situationen schaffen, in denen es eigene Kompetenzen aufbauen kann. Stärken ausbilden oder ausbauen, das kann es vor allem, wenn ihm im Umfeld dafür Unterstützung und Erfahrungsmöglichkeiten gegeben werden. Wenn wir es zu sehr bemuttern und behüten, nimmt das unserem Kind die Sicherheit und das Vertrauen in seine eigenen Fähigkeiten oder es kann die benötigten Fähigkeiten gar nicht erst ausbilden.

Das Kind nimmt unser Vertrauen in seine Kompetenz und seine Selbständigkeit wahr und das gibt ihm Sicherheit. Unser Kind vertraut uns, denn es weiß, dass wir für es da sind und es vor Gefahren schützen. Wenn beide Seiten einander gut kennen und einschätzen können, was passieren wird, ist es einfach, einander zu vertrauen.

Je älter unser Kind wird, desto wichtiger wird es werden, unser Kind Dinge selbständig tun und entscheiden zu lassen. Wir können es bestärken, seinen eigenen Weg zu gehen.

Natürlich gibt es auf diesem Weg auch immer wieder Reibepunkte. Diese bleiben nicht aus und sind auch ein wichtiger Bestandteil seiner Entwicklung. Wenn unser Kind unser Vertrauen, unsere Zuwendung und Unterstützung spürt, wird auch die Verbundenheit zwischen uns bleiben.

In Gesprächen habe ich festgestellt, dass es immer wieder Eltern gibt, denen es sehr schwerfällt, mit derartigen Veränderungen umzugehen, beispielsweise wenn das Kind in den Kindergarten oder in die Schule kommt. Hier kann ich nur den Rat geben: Wenn Sie selbst Sicherheit ausstrahlen, wird es das dem Kind sehr erleichtern, sich positiv auf die neue Situation einzulassen. Die meisten Kinder sind sehr feinfühlig, was das angeht. Es wird sich weniger Gedanken und Sorgen darüber machen, was auf es zukommt, sondern wird mit einer Selbstverständlichkeit in diese neue Situation gehen. Genießen Sie es also, den Fortschritten Ihres Kindes zuzusehen, und geben Sie ihm Mut und Zuversicht für solche Situationen mit!

Mit dem Grundvertrauen und der Orientierung, die wir unserem Kind geben, können wir es auf seinen Weg ins Leben schicken. Wir können ihm aber nur eine gewisse Richtung und unsere Unterstützung mit auf den Weg geben und unser Kind begleiten. Den Weg selbst wird es dann allein gehen – nur so kann es sein Selbstbewusstsein und seine Kompetenzen entfalten.

Förderung einer positiven, realistischen und differenzierten Sichtweise von sich selbst und der Welt

Es kommt nicht allein darauf an, über welche Fähigkeiten unser Kind verfügt, sondern auch seine Sichtweise von sich selbst und den Glauben an seine Fähigkeiten beeinflussen, wie es mit Situationen umgeht und lernt. Erst wenn wir uns in Situationen begeben, uns etwas zutrauen, können neue Lernerfahrungen stattfinden.

Unser Kind wird dann gern handeln und sich Herausforderungen suchen, wenn es Selbstvertrauen hat, wenn es positive Erfahrungen macht und überzeugt ist, dass es etwas bewirken kann, und das Gefühl hat, über die erforderlichen Kompetenzen für schwierige oder neue Situationen zu verfügen.

»Wer seine Entwicklung optimal gestalten will, der sollte die eigene Umwelt differenziert wahrnehmen, seine Empfindungen und Verhaltensmöglichkeiten kennen, selbstkritisch, aber auch offen für neue Erfahrungen sein, flexibel und kreativ neue Verhaltensweisen entwerfen und diese auch ausprobieren und kritisch bewerten.« (Christoph und Ursula Steinebach)[1]

Wie sich die Erfahrungen, die wir machen, auf unser zukünftiges Handeln auswirken, hängt davon ab, wie wir uns diese Erfahrungen erklären, d. h. wo wir die Ursachen für unser Verhalten vermuten. In der Psychologie nennt man diese Ursachenerklärungen *Kausalattributionen*.

Man kann hierbei u. a. danach unterscheiden,

- wo wir die Ursachen sehen, d. h. ob wir sie intern, also in unserer eigenen Person sehen, oder extern, also in der Umwelt liegend, wahrnehmen,
- wie veränderbar wir die Ursachen wahrnehmen, d. h. ob wir sie als zeitlich stabil oder instabil bzw. variabel wahrnehmen,
- ob wir die Ursachen als kontrollierbar oder unkontrollierbar wahrnehmen.[2]

Beispiele für unterschiedliche Ursachenerklärungen:

- »Hatte ich die 1 im Englischtest, weil ich mich gut vorbereitet habe (= ›Anstrengung‹: intern, variabel, kontrollierbar) oder weil ich Glück hatte (= ›Glück‹: extern, variabel, unkontrollierbar)?«
- »Kann ich so gut rennen, weil ich hart dafür trainiert und mich angestrengt habe (= ›Anstrengung‹: intern, variabel, kontrollierbar), oder ist mir das einfach gegeben (= ›Begabung‹: intern, stabil, unkontrollierbar)?«

- »Habe ich bei der Mathearbeit versagt, weil die Arbeit so schwer war (= ›Schwierigkeit der Aufgabe‹: extern, variabel, unkontrollierbar) oder weil ich einfach ein Versager bin (= ›keine Fähigkeit bzw. Begabung‹: intern, stabil, unkontrollierbar)?«

Welche Auswirkungen haben Kausalattributionen auf Motivation, Emotionen und Verhalten? An diesen Beispielen können wir sehen, dass solche Erklärungen unterschiedlichen Einfluss auf unser Denken, auf unsere Gefühle und auf unser Verhalten nehmen. Beispielsweise resultiert ein hohes Selbstwertgefühl oder Stolz, wenn Erfolg der eigenen Person zugeschrieben wird, während Schuldgefühle oder Scham entstehen, wenn Misserfolg der eigenen Person zugeschrieben wird. Je nach Erklärung wirken sich Attributionen günstig oder ungünstig auf unseren Selbstwert oder auf unsere Anstrengungsbereitschaft und Motivation aus.[3]

Wenn ich die Erwartung habe, dass ich mir entsprechendes Wissen aneignen kann, mich entsprechend anstrengen kann oder mir extern beispielsweise Hilfe von einem Freund holen kann, dann gehe ich davon aus, dass ich meine Leistung beeinflussen kann.

Wenn ich hingegen die Erwartung habe, dass meine Leistung von meiner Begabung, von meinem Gesundheitszustand, von der Aufgabenschwierigkeit oder von Glück und Zufall abhängen, dann gehe ich davon aus, dass ich relativ wenig bzw. keinen Einfluss auf meine Leistung habe.

Nur wenn ich davon ausgehe, dass ich meine Leistung beeinflussen kann, bin ich entsprechend motiviert und gewillt, mir Wissen anzueignen, mich anzustrengen oder mich auch mit Konzentration und Ausdauer dafür einzusetzen.

Das Bild, das ich mir dabei von mir selbst und meinen

Möglichkeiten, Dinge beeinflussen zu können, mache, formt somit meine Verhaltensweisen (vgl. Kapitel 4.3).

Was sagt die Forschung zu Attributionen?

Der Psychologe und Motivationsforscher Heckhausen beschäftigte sich mit der Leistungsmotivation.[4] Dabei stellte sich heraus, dass Menschen, die erfolgszuversichtlich sind, Situationen realistisch einschätzen und dazu tendieren, sich mittelschwere Aufgaben auszusuchen.[5] Mittelschwere Aufgaben haben den Vorteil, dass man eine gute Rückmeldung über die eigene Leistung bekommt und vergleichsweise wenige Risiken bei gleichzeitig relativ hoher Erfolgswahrscheinlichkeit eingeht.

Erfolgszuversichtliche Personen schreiben sich ihren Erfolg dabei selbst zu, also zum einen ihren Fähigkeiten und zum anderen ihrer Anstrengung. Sie nehmen also den Erfolg als kontrollierbar wahr. Dies ist eine günstige bzw. förderliche Attribution bei Erfolg. Misserfolge führen sie entweder auf mangelnde Anstrengung oder auch auf äußere Faktoren zurück, z. B. dass sie bei der Aufgabe einfach Pech hatten. Dies ist eine günstige bzw. förderliche Attribution bei Misserfolg.[6]

Sie gehen daher positiv, erfolgszuversichtlich an die nächsten bevorstehenden Aufgaben.

Anders sieht es bei Personen aus, die nicht erfolgszuversichtlich bzw. misserfolgsmeidend sind. Diese Personen schätzen die Situation unrealistisch ein und suchen sich zu leichte oder zu schwere Aufgaben. Daher bekommen sie auch keine Rückmeldung, ob sich ihre Fähigkeiten verbessern.

Den Erfolg schreiben sie sich im Gegensatz zu den Erfolgszuversichtlichen nicht selbst zu, sondern führen ihn auf äußere Faktoren zurück, wie dass sie einfach Glück hatten oder die Aufgaben ja einfach waren.[7]

Diese Art von Erfolgswahrnehmung ist persönlich wenig befriedigend. Misserfolge führen sie zudem auf stabile innere Faktoren zurück. Sie sehen die Ursache ihres Misserfolgs nicht etwa in einer zu schweren Aufgabe, sondern führen ihn auf ihre mangelnde Fähigkeit oder Begabung zurück. Die Attributionsmuster bei Erfolg und Misserfolg sind ungünstig bzw. hinderlich. Dies führt auf lange Sicht zu einer negativen Selbstbewertung, d. h. sie nehmen sich selbst als unzureichend wahr.[8]

Unsere Kinder brauchen Selbstvertrauen und ein positives Selbstwertgefühl, um sich auf neue Situationen einzulassen und aktiv mit ihnen umzugehen. Wenn wir in solchen Situationen mit unseren Kinder fordernd, dabei aber besonders empathisch, ermutigend und ohne Druck umgehen, können wir sie motivieren, sich auf neue Situationen einzulassen. Damit eröffnen wir ihnen einen Raum, in dem sie ihre Kompetenz spüren können und immer mehr Selbstvertrauen und Sicherheit aufbauen können.

Es ist daher besonders wichtig, dass wir hier auf der einen Seite sensibel und nicht zu forciert vorgehen und unser Kind nicht drängen, dass wir uns auf der anderen Seite aber nicht darauf einlassen, dass sich unser Kind vor Situationen zurückzieht. Dies mag in einer konkreten Situation der richtige Weg sein, um es nicht zu überfordern, auf lange Sicht tun wir ihm jedoch keinen Gefallen damit. Manche Kinder haben Angst vorm Schwimmen, vorm Rutschen, vorm Telefonieren, vorm Radfahren oder es klappt nicht mit dem Aufs-Töpfchen-Gehen usw. Wir sollten das nicht »erzwingen«. Wir können unserem Kind die Zeit geben, geduldig und behutsam mit ihm umgehen, es stärken, mit ihm üben, auch mal Pausen machen, ihm Zuversicht vermitteln, es ermutigen. Dann wird es sich in die Situation trauen und Selbstvertrauen und Sicherheit aufbauen können.

Wir können unsere Kinder unterstützen, wenn wir mit echtem Interesse an dem Anteil nehmen, was unsere Kinder tun. Wir können sie darin fördern, realistische Ursachenerklärungen vorzunehmen, indem sie sich und ihre Umwelt realistisch wahrnehmen lernen.

Und wir können ihre Aufmerksamkeit und ihre Wahrnehmung auf die positiven Aspekte lenken. Auch unsere eigene Wahrnehmung unserer Kinder und unsere Ursachenerklärungen wirken sich auf unsere Kinder und ihr Verhalten aus. Wir selbst können darauf achten, welche Ursachenerklärungen wir kommunizieren, und dabei Attributionen fördern, die sich günstig auf ihre Motivation und damit auf ihr weiteres Verhalten auswirken, d.h. bei Misserfolgen nach variablen und kontrollierbaren Ursachen – wie mangelnde Anstrengung – suchen und den Erfolg internalen Ursachen wie Fähigkeit und Anstrengung zuschreiben. Wir können auch zu einer positiven Selbstbewertung anregen. Meist tun wir dies intuitiv, indem wir unsere Kinder loben. Doch Lob ist nicht gleich Lob.

Was sagt die Forschung zu Lob?

Erst wenn Eltern gleichzeitig den Kindern in einem positiven Sinn auch Aufmerksamkeit schenken, wirkt sich Lob verstärkend auf das Verhalten von Kindern aus. Aufmerksamkeit können wir unseren Kindern beispielsweise durch Lächeln oder Umarmungen zeigen und indem wir Anteil nehmen an dem, was sie tun.[9]

Man kann zwischen personenorientiertem Lob, bei dem ein Kind für seine Eigenschaften gelobt wird (z. B. »Kein einziger Fehler, super – du bist aber schlau«), und handlungsorientiertem Lob, bei dem ein Kind für seine Aktivitäten gelobt wird (z. B. »Du hast dich intensiv mit den Vokabeln beschäftigt und jetzt beim Abfragen konntest du alle – super!«) unterscheiden.

Denn es macht einen Unterschied, ob wir Kinder für ihre Eigenschaften loben oder für ihre konkreten Handlungen und ihre Anstrengung.[10] Gerade bei Kindern mit wenig Selbstvertrauen kann personenorientiertes Lob die Motivation und das Selbstwertgefühl zusätzlich schmälern, da die Kinder Misserfolge zunehmend sich selbst zuschreiben.[11]

Ständige Rückmeldungen können unser Kind beeinträchtigen, sogar wenn es Lob ist. Eigentlich sollten Kinder durch ein Lob die Unterstützung, die Anteilnahme und Zuwendung der Eltern spüren. Wenn Kinder Lob als eine Beurteilung empfinden, die mehr kontrollierend als unterstützend wirkt, kann sich das bei Kindern problematisch auswirken.[12] Bei einer Beurteilung von außen nimmt das Kind sein Verhalten als weniger selbstbestimmt wahr. Auf diese Weise kann sich reines Lob, also ohne dass das Kind Aufmerksamkeit bekommt, negativ auf das Verhalten auswirken und zu einer geringeren Motivation führen.

Außerdem können andauernde Rückmeldungen den Fokus verschieben: Die eigene Person rückt in den Fokus der Aufmerksamkeit. So können ständige Bewertungen ein Kind unter Leistungs- bzw. Perfektionsdruck setzen. Das Kind fühlt sich sozusagen von der äußeren Bewertung abhängig und sieht sich nur dann als etwas »wert«, wenn es gute Leistungen vorweisen kann. Dies kann auch dazu führen, dass das Kind gehemmt ist, etwas zu tun. Es meidet Situationen, weil es eine kritische Bewertung fürchtet.

Gerade bei Kindern mit geringem Selbstvertrauen sind Eltern dazu geneigt, sie aufzubauen, indem sie ihre Kinder besonders loben. Aus einem »Das hast du aber schön gezeichnet« wird ein übersteigertes »Das hast du aber *unglaublich* schön gezeichnet.« Solch übertriebenes Lob kann jedoch – obwohl es gut gemeint ist – dazu führen, dass Kinder Herausforderungen vermeiden, da sie befürchten, den hohen Anforderungen der Eltern nicht gerecht zu werden.[13]

Anders als wenn wir die Fortschritte unserer Kinder pauschal auf ihre Begabung und ihr Talent, also auf personenstabile Größen, die sie wenig beeinflussen können, zurückführen, können wir die Konzentration auf ihre Handlungen und ihre Motivation fördern und ihnen unser Interesse zeigen, indem wir spezifische Tätigkeiten, die sie ausführen, oder auch ihr Bemühen, ihre Anstrengung, ihre Geduld und ihr Durchhaltevermögen wertschätzen. Wir können auch darauf aufmerksam machen, welche positiven Folgen ihr Tun hat. Und wir können darauf achten, dass wir eben nicht nur Erfolg loben, sondern insbesondere auch ihre Anstrengung und ihre individuellen Fortschritte. Dies fördert eine motivierte, aktive Auseinandersetzung mit der jeweiligen Aufgabe und motiviert sie, weitere Herausforderungen zu suchen. Indem wir ansprechen, was wir sehen, oder indem wir einfach nur interessiert beobachten und nachfragen, können wir den positiven Umgang unseres Kindes mit Aufgaben und Herausforderungen in den Mittelpunkt rücken.

Unser Kind lernt, dass es sich seine Kompetenz und seine Fähigkeiten selbst erarbeitet und nicht einfach nur »klug«, »schlau« oder »dumm« ist. Es weiß, dass es seine Leistungen beeinflussen kann, und ist motiviert, Herausforderungen anzunehmen oder bei Fehlschlägen neue Wege zu suchen. Es erlebt sich als selbstbestimmt und kompetent.

Wir brauchen also unsere Kinder nicht immer zu loben, um ihnen zu zeigen, dass wir sie wertschätzen – ihnen wird das intensiv bewusst, wenn sie spüren und sehen, dass wir mit unserem Herzen daran Anteil nehmen, was sie tun, dass wir sie dabei unterstützen und es uns interessiert. Dieses Interesse bewirkt etwas tief im Inneren unseres Kindes.

Kompetenzen im Umgang mit der eigenen Person

Kompetenzen benötigt unser Kind nicht nur im Umgang mit der Welt, sondern auch im Umgang mit der eigenen Person: im Umgang mit eigenen Gefühlen, Gedanken und Verhaltensweisen. Diese Kompetenzen kann es aufbauen, wenn es sich selbst genauer kennenlernt, und wir können unser Kind dabei unterstützen. Ein »Sich-Auseinandersetzen« mit eigenen Gefühlen, Bedürfnissen, Gedanken, Einstellungen, Verhaltensweisen, Gewohnheiten, Werten und Zielen schärft das Bewusstsein für die eigene Persönlichkeit. Es hilft unserem Kind, selbst zu spüren, was es braucht und will. Und macht es von innen heraus stark.

Grundlegende Voraussetzung, um mit sich selbst kompetent umgehen zu können, ist, wahrnehmen und benennen zu können, welche Gefühle man hat, in sich hineinspüren zu können und zu erfassen: »Was ist gerade mit mir los?«

Um angemessen mit unseren Gefühlen umgehen zu können, ist es auch wichtig, dass wir sie für uns annehmen können und wertschätzen und sie nicht verdrängen und wegschieben. »Negative« Gefühle wie Traurigkeit oder Wut gehören genauso zu uns wie Gefühle der Freude und sind wichtige Signalgeber. Sie zeigen uns an, dass etwas nicht stimmt. Wenn wir sie annehmen, können wir uns mit ihnen auseinandersetzen, konstruktiv damit arbeiten und Wege finden, wie es uns wieder besser geht.

Wir als Eltern reagieren dabei oft spontan auf das Weinen unseres Kindes damit, dass wir es schnell trösten und aufheitern, oder wenn es wütend ist darüber, dass wir es schnell beruhigen oder sogar schimpfen. Dies mag zwar gut gemeint oder zunächst hilfreich erscheinen, damit lernt unser Kind aber nicht, sich mit seinen eigenen Gefühlen auseinanderzusetzen, sondern die Gefühle wie Traurigkeit oder Wut werden erst einmal unterdrückt. Und wenn es sich nicht damit auseinandersetzt und schaut, woher diese Gefühle kommen, wird es nur unzureichende Lösungen finden. Entscheidend ist daher, dass wir in einem ersten Schritt unser Kind mit all seinen Emotionen annehmen, sie respektieren und darauf eingehen.

Dazu können wir unsere Kinder beispielsweise fragen: »Wie fühlst du dich gerade?«, wenn wir sehen, dass sie etwas beschäftigt. Und wir können sie z. B. fragen: »Was denkst du, wieso bist du gerade traurig / wütend / froh / …? Was ist passiert?«, um herauszufinden, welche Ereignisse, Bedürfnisse, Einstellungen oder Werte hinter ihren Gefühlen stecken. Oder wir können sie fragen, weshalb sie sich so verhalten haben, wie sie sich verhalten haben. Wenn wir unsererseits ruhig, behutsam und empathisch unserem Kind durch solche Situationen helfen, kann ihnen dieses Innehalten und Nachdenken ihrerseits helfen, zur Ruhe zu kommen, ihre Gedanken zu sortieren, um dann gezielt schauen zu können, wie sie mit ihren Gefühlen und Bedürfnissen umgehen können. Auch hier können wir sie dazu anregen, möglichst selbständig eine Lösung zu finden.

Indem wir diese Schritte routinemäßig mit unserem Kind durchgehen und es dadurch Möglichkeiten lernt, angemessen mit seinen Gefühlen umzugehen, kann es dies mit der Zeit verinnerlichen und selbständig anwenden.

Dies zu lernen ist insbesondere wichtig, wenn Gefühle wie Traurigkeit oder Wut bei Kindern sehr intensiv sind. Es bringt nichts, solch ein Verhalten zu verurteilen. Das bringt unser Kind nicht weiter. Ich finde es dabei ganz wichtig, dass wir unser Kind in seinem ganzen Sein wertschätzen. So wie es fühlt, wie es denkt, wie es sich verhält. Nicht jedes Kind ist immer nur »brav«, wie wir es vielleicht manchmal gern hätten. Auch seine Wutanfälle gehören zu ihm, machen unser Kind lebendig, machen sein Wesen aus, das es einzigartig macht. Auch diese Reibepunkte gehören mit dazu, wenn es wachsen will. Es lernt daraus.

Nach den möglichen Gründen für ein Verhalten zu forschen ist wichtig, und nur auf diese Weise kann man Wege finden, um positiv mit Situationen umzugehen. Es liegt an uns, unserem Kind dabei zu helfen, die Ursachen und Wege zu finden, Probleme zu beseitigen und zukünftig zu vermeiden.

Wir Eltern können unseren Kindern in ruhiger Weise Rückmeldung geben, wenn sie ihre Gefühle in unangemessener Weise ausdrücken, und können ihnen beistehen, Nähe geben und sie unterstützen, praktikable Wege im Umgang mit Situationen zu finden. Sie können sich dann auf unsere Worte und unsere Nähe konzentrieren und sich in Ruhe Gedanken über die nächsten Schritte machen, bevor sie impulsiv und unkontrolliert reagieren.

Beispielsweise können wir bei starken Gefühlen erst mal »die Luft rauslassen«, indem wir tief durchatmen, ruhig bis 20 zählen, Kniebeugen machen, hüpfen ... – es gibt verschiedene Wege, in einem ersten Schritt erst einmal die viele »Aufregung« in unserem Körper rauszulassen und zur Ruhe zu kommen. Dann können wir versuchen, z. B. in einem ruhigen Gespräch ohne Verurteilungen unser Problem zu lösen (siehe Kapitel 2.3).

Wir können mit unserem Kind solche Situationen immer wieder üben, bis es den eigenen, für sich richtigen Weg gefunden hat, sich und seine eigenen Gefühle auf angemessene Weise auszudrücken und konstruktiv mit ihnen umzugehen, und das eigene Verhalten regulieren lernt. Damit lernt es sowohl eigene Kompetenzen aufzubauen als auch sie gezielt einzusetzen. Dabei ist es auch wichtig, dass Kinder lernen, für die eigene Person einzutreten.

Hierfür ist es essenziell,

- dass unsere Kinder wahrnehmen und wissen, wo ihre Grenzen liegen bzw. wo sie eigene Grenzen setzen müssen,
- dass sie lernen zu unterscheiden, was für sie o. k. ist und was nicht – »Worüber entscheide ich nur ganz allein und niemand anders?«,
- dass Kinder sich auch trauen, sich zu äußern und zu sagen: »Nein, das will ich jetzt nicht!«,
- dass sie selbstbewusst ihre Meinung und ihre Bedürfnisse äußern.

Wir können sie darin unterstützen,

- indem wir sie zu alldem ermuntern und
- indem wir ihre Grenzen und ihre Meinung respektieren und ihnen dabei auf Augenhöhe begegnen.

Ein Beispiel ist das Küsschengeben. Kinder zeigen es von sich aus, wen sie von Herzen mögen und zu wem sie Nähe suchen oder wem sie lieber kein Küsschen geben wollen und auch nicht zu nahekommen wollen. Sie zeigen, wann sie es wollen und ob sie es wollen.

Wenn wir die Meinung unseres Kindes beachten und einbeziehen, geben wir ihm die Erfahrung, dass seine Stimme zählt, dass es gehört wird und wichtig ist. Dies wirkt sich positiv auf sein Selbstvertrauen aus. Das heißt nicht, dass wir immer alles tun, was unsere Kinder wollen. Aber indem wir uns mit ihrer Meinung auseinandersetzen, ihnen unsere Meinung erklären, uns gegenseitig zuhören und gemeinsam diskutieren, zeigen wir ihnen ihre Wichtigkeit. Sie spüren, sie können sich auf uns verlassen, und das stärkt unsere Beziehung zueinander.

Kompetenzen im Umgang mit anderen

Genauso wichtig, wie es ist, die Gefühle bei sich wahrzunehmen bzw. sich einschätzen zu können, ist es, auch die Gefühle bei anderen wahrzunehmen bzw. andere einschätzen zu können, um (sozial-)kompetent mit anderen umgehen zu können. Das Leben in der Gemeinschaft, in Beziehung zu anderen Menschen ist für uns sehr zentral – uns geht es gut, wenn wir uns mit anderen verbunden fühlen.

> Wieso hat Tim mir das Auto weggenommen? Was sind die Gründe für das Verhalten von anderen? Welche Folgen hat mein eigenes Verhalten? War das gut so, wie ich mich verhalten habe? Wie hätte ich mich anders verhalten können? Wie kann ich Konflikte zusammen mit anderen lösen? Wie gehe ich dabei vor?

Wenn sich unsere Kinder entwickeln, lernen sie, wie das Bewusstsein funktioniert und wie es sich auf unser Verhalten auswirkt. Kinder müssen erst lernen zu erkennen, welche Gefühle und Gedanken, welche Wünsche, Überzeugungen oder Absichten jemand hat. Dies erlernen sie vor allem zwischen dem dritten und fünften Lebensjahr.[14] Wenn sie klein sind, haben Kinder wenig Verständnis für andere, da sie sich nicht in sie hineinversetzen können. Sie lernen erst nach und nach, sich in andere und ihre Sichtweisen hineinzuversetzen. Uns ist als Eltern bewusst, dass sich das Bewusstsein in diesem Bereich gerade bei kleineren Kindern erst aufbauen muss und dass sie Situationen und die Folgen ihres Handelns noch nicht so einschätzen und bewerten können, wie das ein Erwachsener kann.

Wir können unsere Kinder aber dazu ermutigen und sie darauf aufmerksam machen, welche Gefühle und Bedürfnisse andere haben, und sie ermuntern, sich in andere hineinzuversetzen.

> »In einer solch aktiv gestalteten Entwicklung hilft, sich selbst loben zu können, unabhängig von anderen zu eigenen Urteilen zu kommen, relativ unabhängig von externen sozialen Zwängen und Vorgaben zu sein, bereit zu sein, eigene Ideale zu überdenken und sich selbst positiv zu sehen. Dies alles darf sich aber nicht gegen andere richten, denn alle Menschen sind auf soziale Einbindung und Unterstützung angewiesen. Deshalb ist es auch wichtig, ein einfühlsames Gespür für die Belange der anderen zu haben und die Bedürfnisse und Ziele der anderen in der Gestaltung der eigenen Entwicklung zu berücksichtigen.« (Christoph und Ursula Steinebach)[15]

Wenn Kinder eigene und die Emotionen anderer erkennen und damit umgehen lernen, stärkt sie das in ihrer Persönlichkeit und in ihrer sozialen Kompetenz.

2.2 »Das macht Spaß!« – Wie unser Kind seine Kompetenzen ganzheitlich und selbstbewusst entwickelt und stärkt

Wenn wir Kompetenz hören, dann denken wir insbesondere an kognitive, d. h. an unsere geistigen, Fähigkeiten. Dabei ist das noch längst nicht alles. Der Mensch besteht nicht nur aus dem Kopf allein. Nicht nur Wissen um Sachinhalte oder Methoden und Techniken zeichnen uns aus, sondern auch unsere sensomotorische, körperliche Seite und unsere psychische, emotionale und soziale Seite (*sensomotorisch* bezeichnet das Zusammenspiel zwischen unseren Sinneswahrnehmungen und unseren Bewegungen). Wenn wir unser Kind fördern möchten, dann ist es wichtig, dass wir dies möglichst ganzheitlich tun und nicht nur einseitig. Alle diese Bereiche zeichnen uns als Person aus. Sie wirken zusammen und stützen einander. Wirklich glücklich im Leben werden wir, wenn wir nicht nur auf unseren Kopf hören, sondern auch unsere Gefühle und unseren Körper gleichermaßen beachten.

Eine gute Möglichkeit, den Umgang mit sich und seinem Körper, mit anderen Menschen und der Umwelt ganzheitlich erfahrbar zu machen, ist das, was Kinder am liebsten tun: spielen.

Erleben von Ganzheitlichkeit und das Erlernen von Kompetenzen im Spiel

Spielen ist für ein Kind essenziell. Im Spiel entdeckt es seine Umgebung, macht Erfahrungen, entdeckt, erweitert und trainiert seine Fähigkeiten. Dafür setzt es alle seine Sinne ein.

Unser Kind erlebt sich im Spiel ganzheitlich. Nicht nur kognitive, sondern auch soziale, emotionale und sensomotorische Erfahrungen werden gemacht und angeregt.[16] Es kann sich in diesen verschiedenen Bereichen ausprobieren. Es lernt hinzu, erfährt, wie Dinge funktionieren. Es erwirbt kognitive Modelle, auf die wir ausführlicher in Kapitel 4.3 eingehen. Unser Kind macht unterschiedliche Sinneserfahrungen, erlebt und fühlt seinen Körper, lernt ihn einzusetzen. Es drückt sich aus mit seinem Körper, seiner Gestik und Mimik, seiner Stimme. Es spielt mit anderen, lernt, mit anderen Kindern und Erwachsenen umzugehen. Im Rollenspiel lebt es verschiedene Emotionen aus, kann dadurch die vielen Erfahrungen, die es täglich macht, oder auch Dinge, die es bedrücken, verarbeiten.

Im Spiel kann sich das Kind autonom, kompetent und verbunden erleben. Es setzt sich mit verschiedenen Themen auseinander. Im Spiel geschieht viel mehr, als wir oft wahrnehmen.

In den ersten Monaten des Lebens sammelt unser Kind vor allem Erfahrungen mit seinem Körper und seinen eigenen Handlungen. Es macht sich ein erstes Bild von sich und der Welt. Die Effekte und die Informationen, die ihm dabei zuteilwerden, geben ihm erste elementare Eindrücke von der Welt, von Eigenschaften und dem Funktionieren verschiedener Objekte, von sich und anderen Personen: »Was ist warm und kalt?«, »Was passiert beim Drücken eines Knopfes?« Es findet Zusammenhänge heraus, die für uns selbstverständlich sind: Runde Dinge rollen leichter als eckige, schwere Dinge sind schwieriger zu bewegen als leichte ...

In der ersten Zeit stehen vor allem Erkundungen mit dem Mund an, da genau dieser Bereich sehr empfindlich auf Reize reagiert. Vieles wird mit der Zunge »ertastet und erfühlt«. Das Kind greift und strampelt, es hat Spaß, sich »in Action« zu erleben. Später lernt es sich fortzubewegen, erst rollend und robbend, dann krabbelnd und laufend. Es macht selbständige Erfahrungen, hat immer mehr Einflussmöglichkeiten und vergrößert seinen Aktionsradius. Manche Dinge werden immer und immer wieder wiederholt. Unser Kind hat Spaß daran zu sehen, dass es auf seine Umwelt gezielt einwirken kann.

Die verschiedenartigen, konkreten Sinnesempfindungen, Wahrnehmungen und unsere Auseinandersetzung mit ihnen machen auch abstrakte Dinge erfahrbar. Zum Beispiel gewinnen unsere Kinder durch das Spielen mit Klötzen oder Kugeln ein Verständnis für Mengen und Zahlen oder auch Gewicht. Sie erfassen es im wahrsten Sinne des Wortes. Durch Lieder oder Gedichte bekommen sie ein Gespür für Rhythmus und Sprache. Oder nehmen wir als Beispiel Origami – die japanische Papierfaltkunst. Beim Falten muss sich das Kind gezielt auf die Anleitung konzentrieren. Die

Kinder bekommen durch das Falten beispielsweise ein Verständnis für Formen, für Symmetrie, entwickeln ein räumliches Verständnis. Schon kleinere Kinder können falten und lernen, indem sie aufmerksam beim Falten zuschauen, beobachten und versuchen, das Gesehene nachzumachen. Größeren Kindern, die bereits etwas Erfahrung beim Falten haben, macht es Spaß, die meist bebilderten Anleitungen schon selbständig zu lesen, zu deuten und umzusetzen.

Durch eigenes Tun und Erleben erschließen sich unsere Kinder die Welt. Sie »erspielen« sich sozusagen die Grundkompetenzen, die sie für später brauchen.

Wahnsinnig gern schmieden unsere Kinder beim Spielen Pläne, wenn sie etwas größer sind (»Wir bauen eine Ritterburg, wir spielen Restaurant, wir zeichnen mit Kreide auf dem Hof ein Straßennetz, wir basteln eine Kugelbahn …«). Auch dies fördert sie ganzheitlich: Sie trainieren dabei ihre Denk- und Problemlösefertigkeiten und setzen bei der Umsetzung ihre verschiedenen Kompetenzen ein und verfeinern beispielsweise ihre Feinmotorik.

Sie setzen sich Ziele, denken darüber nach, was sie machen wollen und wo und wann sie es machen wollen. Sie machen sich Gedanken darüber, welche Möglichkeiten es gibt, die Ziele zu erreichen, d. h. sie überlegen, wie sie es machen wollen, z. B. welche Materialien sie dafür benötigen oder wie lange es dauern wird. Auf diese Weise trainieren sie sich im vorausschauenden Denken. Sie wägen Vor- und Nachteile ab, analysieren die Möglichkeiten. Oft kommen sie auf ganz andere, teils immens kreative Gedanken, auf die wir als Erwachsene sicher nicht gekommen wären.

Ganz wertvoll sind diese Erfahrungen für Kinder. Sie lernen mehr, indem sie allein ausprobieren und selbst herausfinden, wie etwas funktioniert, als wenn wir ihnen als

Eltern die ganze Zeit alles vorführen und zeigen – den Effekt also schon vorwegnehmen.

Deshalb ist es wichtig, Kindern – natürlich entwicklungs- und altersangemessen – möglichst viel Freiraum zu geben. Wenn wir Kinder nach Möglichkeiten unbeobachtet und unkommentiert hantieren lassen, beschäftigen sie sich tiefgehend mit ihren Tätigkeiten. Sie können eigenständig Zusammenhänge herausfinden und von früheren Situationen auf neue Situationen schließen. Sie müssen genau überlegen und nachdenken: »Wie hatte ich das gemacht? Was war daran gut, was war daran nicht so gut?« Auf diese Weise konzentrieren sie sich auf ihr Handeln und können Fehler entdecken, nach Verbesserungen und effektiveren Wegen suchen. Sie bekommen einen größeren Blick auf das Geschehen, können Gesetzmäßigkeiten und Parallelen darin entdecken und können bereits Gelerntes auf neue Situationen übertragen.

Wenn wir sie dauernd vorwarnen oder vorwegnehmen, welche Folgen ihre Handlungen haben, können sie diese Erfahrungen nicht machen. Zum anderen können häufige Bewertungen dazu führen, dass auf lange Sicht das eigenständige Denken des Kindes unterbunden wird. Wenn ich ständig Rückmeldungen oder Vorwarnungen bekomme, wieso soll ich mir dann noch selbst Gedanken machen?

Die Gründe, wieso etwas nicht funktioniert, leuchten ihnen ein, wenn sie es selbst erlebt haben:

Nichts ist so erleuchtend wie die Erkenntnis, die man durch eigenes Ausprobieren gewonnen hat.

Natürlich greifen wir bei Gefahr ein. Und wir können ihnen auch kleine Tipps geben, wenn sie uns um Hilfe bitten, weil etwas nicht funktioniert. Indem wir möglichst offene Fragen stellen, motivieren wir sie dazu, selbständig eine Lösung zu finden.

Manche Dinge bekommen wir ohnehin nicht allein hin oder sie sind schöner, wenn wir sie gemeinsam mit jemandem machen. Unsere Kinder überlegen, mit wem sie ihr Ziel zusammen realisieren wollen. Dies ermutigt sie zum kooperativen Spiel mit anderen und stärkt auf diese Weise ihre sozialen Kompetenzen. Regeln werden aufgestellt, verschiedene Rollen übernommen. Aufgaben werden aufgeteilt und Verantwortung übernommen. Gegenseitig regen sich Kinder zu neuen Ideen und Möglichkeiten an. Außerdem erweitert sich ihr Handlungsspielraum – gemeinsam ist man stark! Das Wir-Gefühl wird gestärkt, Teamfähigkeit und die Bereitschaft, gemeinsam zu arbeiten, zu kooperieren wird gefördert.

Es kann beim Spielen auch mal Hindernisse oder Konflikte geben, die es zu überwinden gilt, wenn etwas nicht so funktioniert, wie sie es sich vorgestellt hatten. Indem unsere Kinder lernen, Probleme zu erkennen und neue, passendere Wege zu finden, diese zu lösen, wird ihre Problemlösefähigkeit und ihre Kreativität trainiert.

Sie bekommen ein Gefühl dafür, welche Handlung zu welchen Ergebnissen führt. Ihre Kompetenzen erweitern sich.

Es ist interessant zu sehen, was sie lernen, welche Beobachtungen sie machen, wie sie sich bewusst werden, was geklappt oder vielleicht auch nicht geklappt hat und wieso, was daran interessant war, wie sie sich gefühlt haben … Auf diese Weise erfreuen sie sich am Tun, an ihrer Kompetenz und ihrem selbstbestimmten Handeln, daran, was sie ganz allein oder mit ihren Freunden zusammen erschaffen haben. Da leuchten die Kinderaugen!

Dieses Kompetenzgefühl und die Motivation nehmen sie auch in andere Situationen mit.

Spielen spendet Kraft und fördert Kreativität

Beim Spielen ist unser Kind ganz in seinem Tun versunken. Dieses Versinken kann Kraft spenden. Spielen ist auf diese Weise auch eine Ruhe- und Entspannungsoase. Unser Kind vergisst alles um sich herum, ist total konzentriert auf sein Tun und ganz davon ergriffen. Es ist so vertieft, dass es oft nichts anderes um sich herum wahrnimmt. Es ist in seiner ganz eigenen Welt und fühlt sich wohl.

> Wann waren Sie das letzte Mal so richtig von einer Aufgabe ergriffen oder haben gespürt – »es läuft«? Hobbies, Sport, Musik zu machen oder knifflige Aufgaben zu lösen, können Bereiche darstellen, in denen wir solche Gefühle sehr intensiv erleben. Nicht nur für uns allein ist dies schön. Wenn wir mit anderen gemeinsam solche Aktivitäten machen, können wir auch Inspiration für den jeweils anderen sein. Aus diesem Miteinander-Erleben sprudeln die Ideen auf einmal in Windeseile und etwas entsteht, das nicht entstanden wäre, wenn jeder selbst vor sich hingebrütet hätte – eine Idee steckt zur nächsten an.

Spielen und das Ausleben von Hobbies gibt unseren Kindern einen Raum, in dem sie sich entfalten können, kreativ werden können. Auf ihre eigene Weise. Es macht sie glücklich zu sehen, was ihnen dabei alles gelungen ist. Und dadurch entwickeln und stärken Kinder nicht nur ihre Kompetenzen. Diese Beschäftigungen stellen auch ein inneres Gleichgewicht (wieder) her: Durch Aktivitäten wie Spielen, Malen, Zeichnen, Singen, Tanzen, Fußball spielen, ein Instrument spielen usw. erleben und spüren sich unsere Kinder. Sie *sind*. Es entspannt sie, macht den Kopf frei.

Und dies ist in der heutigen Zeit sehr wichtig, dass wir

auch Oasen haben, in denen wir zur Ruhe finden können. Da ist es wichtig, dass wir eine Balance finden zwischen den Anforderungen, die das Leben stellt, z. B. Schule, Ausbildung, Beruf, und den Erholungsmöglichkeiten. Auch bei den Anregungen, die wir den Kindern geben, ist es wichtig, ein gesundes Maß zu finden. Sie sind nur dann anregend, wenn sie dem Kind guttun, es mit dem Herzen, mit innerer Motivation dabei ist und daraus Kraft schöpfen kann. Sie werden zur Belastung, wenn es zu viel der Anregung ist und das Kind nicht einen Tag hat, an dem es sich auch mal in Ruhe mit seinen Freunden treffen kann. Jedes Kind ist da anders, wie viel Anregung es braucht und möchte. Sie als Eltern werden mit Ihrem Kind zusammen schnell wahrnehmen, was und wie viel Ihrem Kind guttut, und eine entsprechende Balance zwischen Aktivitäten und Ruhepausen finden. Und ab und zu ist es auch nicht schlecht, wenn es Kindern langweilig ist. Dies wirkt wie ein Motor, sich kreativ neue Dinge auszudenken.

Die Kreativität und das Versinken im Tun können wir unterstützen, indem wir unser Kind möglichst frei spielen lassen und der Spielraum bewusst so gestaltet ist, dass auch mal was schieflaufen darf. Beispielsweise können wir unser Kind entsprechend kleiden oder Unterlagen benutzen. Wenn wir Kinder ständig unterbrechen mit »Das darfst du nicht!« oder »Pass auf, das geht schief!«, wenn immer aufgepasst werden muss, engt sie das ein und blockiert auch ihr Entdecker-Gen und dass sie in ihrem Erleben aufgehen. Das angeborene Neugierigsein wird gebremst. Kinder können sich dann nicht entfalten und stellen sich selbst und ihre Fähigkeiten in Frage. Deshalb tut es unserem Kind gut, wenn es in einem geschützten, aber nicht überbehüteten Rahmen möglichst unbeobachtet spielen und hantieren kann. Wichtig ist, dass es sich ausprobieren kann. Es experimentiert mit seiner Umwelt und seinen Fähigkeiten, ist Entdecker und Erkunder. Wir können es zum Entdecken ermutigen und ihm signalisieren, dass es sich auf sich und seine Fähigkeiten verlassen kann. Unser Kind malt sich im Spiel Dinge aus, lässt seiner Phantasie freien Lauf und macht sich kreativ auf den Weg. Im Spiel spielt es keine Rolle, ob unser Kind einen Baum rot, grün, blau oder gelb malt. Nur indem wir etwas ausprobieren, können neue Dinge und Ideen entstehen.

Spielzeug regt dabei an, zu viel Spielzeug überfordert unser Kind, weil es seine Aufmerksamkeit ständig von einem auf das nächste richtet. Das überfordert. Zum Spielen genügen einfache Dinge. Spielzeug wie Bauklötze oder Knete haben den Vorteil, dass nicht viel vorgegeben ist, sondern dass sie immer wieder umfunktioniert werden können. Ständig entstehen dadurch neue Kombinationen.

Kinder sammeln unheimlich gern in der Natur: Steine, Hölzer, Blumen animieren und werden zum Spielen eingesteckt. Schön ist es für Kinder, wenn sie z. B. draußen dafür eine geschützte Ecke haben, wo sie ihre Schätze unterbringen können.

Oft kommen Kinder dann zu uns und sind ganz stolz über das, was sie geschaffen haben: ein hoher Turm aus Bauklötzen, ein Bild mit einer Blumenwiese … Für uns Eltern erscheint es vielleicht als nichts Weltbewegendes. Aber in den Augen unseres Kindes blitzt es – es ist überwältigt von dem, was ihm gelungen ist, und es sucht dabei unsere Anerkennung und Aufmerksamkeit. Genauso wie wir es im Prinzip auch tun, wenn wir ein Projekt erfolgreich abgeschlossen haben. Wir sind auch enttäuscht, wenn jemand unsere Arbeit nicht wertschätzt oder ihn nicht interessiert. Wichtig ist, dass wir unsere Kinder in solchen Momenten nicht wegschicken oder vertrösten: »Ich schau es mir später an!«, sondern dass wir sie in ihrem Tun und ihren Gefühlen genauso ernst und wichtig nehmen und uns dafür Zeit nehmen. Bewertungen wie »Das hättest du aber auch schöner malen können!« oder »Ein Mensch hat aber fünf Finger und auch einen Hals – ich zeige dir, wie es richtig geht!« bevormunden und enttäuschen sie. Ständiges Rummäkeln und Kritisieren kratzt am Selbstbewusstsein und verleiht der Kreativität einen Dämpfer. Kinder wollen sich ausleben können und gerade in Bereichen, in denen sie es können, sollten wir ihnen den Raum dafür geben und schaffen.

Natürlich wollen wir unseren Kindern Wissen vermitteln und von zu Hause kriegen unsere Kinder jede Menge mit. Nicht immer funktioniert dies spielerisch, das ist logisch. Aber es gelingt am besten in einer Atmosphäre, die einladend ist, die neugierig macht, die kindgerecht ist und vor allem Eigenbeteiligung fordert. Wenn wir unseren Kindern zeigen können, dass Dinge spannend sind und Spaß machen, sind sie bereit, Wissen aufzunehmen. Es spornt sie an, wenn sie merken, wie gut sie etwas können. Wir können mit unserer Art, wie wir auf unsere Kinder zugehen, eine positive Einstellung zum Lernen fördern. Nur ein kleines Beispiel an dieser Stelle: Ein »Nachher frag ich aber die Vokabeln noch ab, erst dann kannst du raus!« wirkt anders, als wenn wir interessiert nachfragen: »Na, was habt ihr denn heute in Englisch alles gelernt?« Auch hier können wir sie motivieren, indem wir Anteil nehmen.

Die etwas andere Erholungspause …

Innehalten. Die Hektik des Alltags für einen Moment bewusst ausblenden und sich Zeit für den Moment nehmen. Beobachten Sie Ihr Kind mal beim Spielen. Und nehmen Sie bewusst teil an dem Glück Ihres Kindes, das in diesem Augenblick liegt und seine Seele durchhuscht. ☺

Du schaffst das!

Aus den frühen Lerntheorien wissen wir, dass wir Verhalten verstärken können. Bei diesem sogenannten Verstärkungslernen werden Anreize gesetzt, um ein bestimmtes Verhalten zu fördern. Durch gezieltes Einsetzen solcher Konsequenzen wird die Wahrscheinlichkeit für das Auftreten von Verhaltensweisen verändert. Eine Handlung, die positive Konsequenzen nach sich zieht, wird verstärkt ausgeführt, während eine Handlung, die unangenehme Konsequenzen nach sich zieht, in der Folge weniger häufig ausgeführt oder unterlassen wird. Im klassischen Fall denken wir dabei an Belohnungen und Bestrafungen. Das ist jedoch etwas »zu kurz« gedacht.

In diesen beiden Kapiteln haben wir gesehen, welche Rolle dabei unsere Aufmerksamkeit und unsere Zuwendung spielt und dass es für unsere Kinder ganz entscheidend ist zu spüren, dass sie es gut machen, dass sie etwas können und dass wir das wertschätzen, z. B. wenn sie Laufen, Sprechen, Rad fahren, Lesen lernen oder wenn sie etwas bauen, malen …

Wir können unsere Kinder loben und an dem, was sie tun, Anteil nehmen, ihnen Aufmerksamkeit schenken und sie motivieren. Wir können sie auch in ihren Schritten unterstützen, sie ermuntern und auf sie eingehen, wenn ihnen etwas schwerfällt oder wenn Dinge nicht gleich zu funktionieren oder zu klappen scheinen, z. B. »Ich verstehe das neue Thema in Mathe überhaupt nicht!« Wir können ihnen bewusst machen, dass sie durch ihre Anstrengung in kleinen Fortschritten sehr wohl vorwärtskommen und dass auch Fehler zu machen dazugehört und uns oft voranbringt, weil wir auch dadurch dazulernen.

Wichtig ist, dass wir uns bewusst sind, dass unsere Kinder *aktive Lerner* sind und dass wir ihre Tendenz, Dinge selbständig zu lernen und zu erforschen, und damit ihre Neugier und ihre Lernbereitschaft unterstützen und fördern können. Es ist essenziell, dass wir in einem ersten Punkt hier ansetzen und ihre Bereitschaft, Dinge zu lernen, und ihre Neugier, Dinge zu entdecken und ihnen nachzugehen, als Grundbasis für das Lernen fördern und ihre Zuversicht und ihr Vertrauen in sich, mit Dingen kompetent umgehen zu können, stärken.

2.3 »Ich krieg das hin!« – Wie unser Kind stark und aktiv Probleme meistert

> Zum Nachdenken: Wie reagiere ich am besten auf mein Kind in einer Situation, in der es auf mich zukommt, weil es andere Kinder nicht mitspielen lassen wollen? Sage ich: »Die werden schon einen Grund haben, wieso sie dich nicht mitspielen lassen wollen.« Oder: »Warum setzt du dich nicht einfach durch?« Oder: »Da kann ich dir nicht helfen. Das musst du selbst lösen.« Oder: »Na komm, dann spiel doch einfach hier allein.« Oder: »Das passiert jedem mal. Deshalb braucht man nicht so ein Theater zu machen.« Oder: »Es ist ärgerlich, wenn man nicht mitspielen kann. Lass uns zusammen nachdenken, was du tun kannst. Dir fällt bestimmt was ein.«[17]
>
> Was fällt Ihnen an den Sätzen auf? Welche Wirkungen haben sie auf ein Kind?

Es gibt kein Leben ohne Probleme. Kleinere und größere Probleme begegnen uns in unserem Leben. Entscheidend ist, *wie* wir mit den Problemen umgehen. Um gut durch das Leben zu kommen und an Problemen nicht zu zerbrechen, erfordert es eine seelische, innere Widerstandskraft und

Kompetenzen, mit verschiedenartigen schwierigen Situationen umgehen zu können. Diese Robustheit wird in der Psychologie *Resilienz* genannt.

Was sagt die Forschung zum Thema Resilienz?

Als schützende Faktoren in der Familie hat sich vor allem die sichere Bindung zu den Eltern und die Erhaltung dieser guten Beziehung erwiesen.[18] Des Weiteren zählen auch ein autoritativer Erziehungsstil (siehe Kapitel 3.1), eine offene Kommunikation (siehe Kapitel 1.3) und eine gute Beziehung zu den Geschwistern und der Familienmitglieder untereinander, d. h. auch eine gute Paarbeziehung der Eltern (siehe Kapitel 5.2), zu den Schutzfaktoren.

Schützende Faktoren außerhalb der Familie sind gute Beziehungen zu Gleichaltrigen und Freunden, gute Beziehungen zu Erziehern, Lehrern und sonstigen Erwachsenen, die das Kind unterstützen und denen es sich anvertrauen kann.[19]

Resilienz ist erlernbar

Wichtig ist festzuhalten, dass diese innere Stärke, die Widerstandskraft nicht angeboren, sondern erlernbar ist. Hilfreich ist die intensive Beziehung zu Ihrem Kind (vgl. Kapitel 1). Als Eltern können Sie Ihrem Kind vorleben, wie man Probleme bewältigen kann. Dadurch lernt es viel. Wir können unser Kind unterstützen, eine positive Einstellung zu sich selbst aufzubauen, und es aufmerksam, stärkend und ermutigend begleiten. Wir Eltern geben unserem Kind in seiner Entwicklung Anreize und Möglichkeiten, durch die es seine eigene Wirksamkeit und Kompetenz erfahren kann. Wir können dafür sorgen, dass es selbst Kompetenzen erlernt und in der Lage ist, sich soziale Unterstützung zu holen.[20]

Es ist dabei nicht sinnvoll, wenn wir unsere Kinder vor

allen Problemen schützen oder ihnen jeden Frust ersparen. Wenn sie nie problematische Situationen kennenlernen, wird es schwierig, Fähigkeiten aufzubauen, um mit ihnen kompetent umzugehen. Und wir können unsere Kinder nicht ihr ganzes Leben lang vor Problemen bewahren. Wir können ihnen aber bei Problemen zur Seite stehen, sie begleiten, sie darin unterstützen, eigene Problemlösungen zu finden, und ihnen helfen, wenn sie Hilfe benötigen und allein nicht weiterwissen. Wir sollten also nicht zu früh und auch nicht zu spät in die Problemlösung eingreifen, um einen Kompetenzaufbau zu fördern und eine Überforderung zu vermeiden.

Was für den Alltag gilt, gilt auch für den Umgang mit schwierigen Situationen: Je mehr Kompetenzen bzw. Ressourcen ich zur Verfügung habe und je mehr Informationen ich über das Problem an sich, seine Umstände und Rahmenbedingungen habe, desto mehr Möglichkeiten habe ich, positiv gestaltend einzuwirken und damit eine Problemlösung herbeizuführen, meine Befindlichkeit zu verbessern und meinen Zielen näherzukommen.

Um einen positiven, aktiv-konstruktiven Problemumgang zu begünstigen, ist es wichtig, dass unser Kind seine eigenen Fähigkeiten kennt, stärkt und nutzt, und dass es sie auch schätzt und gezielt einsetzen lernt. Wie wir bereits gesehen haben, können wir es darin unterstützen, indem wir es möglichst ganzheitlich anregen, Kompetenzen aufzubauen. Dadurch wächst sein Kompetenzgefühl. Es erlebt sich als selbstwirksam und verfügt über die erforderlichen Ressourcen, um schwierige Situationen zu bewältigen. Dies kann es dann auch auf problematische Situationen übertragen. »Ich bin in der Lage, meine Probleme zu lösen!« Das Erleben von Selbstwirksamkeit wirkt sich positiv auf den Umgang mit problematischen Situationen aus.[21]

Was können wir konkret tun?

Zunächst ist es ungeheuer bedeutsam, unser Kind ernst zu nehmen, wenn es sich äußert, wie wir es bereits angesprochen haben. Genauso wichtig ist es zu versuchen, die Verhaltensweisen des Kindes nachvollziehen zu können. Erst wenn wir die Situation aus seiner Sicht begreifen, können wir ein tieferes Verständnis für seine Probleme und mögliche Lösungen bekommen. Manche Situation mag vielleicht in unseren Augen wie eine Lappalie erscheinen, für unser Kind kann es gleichzeitig eine Katastrophe darstellen. Ein »Jetzt stell dich nicht so an, das ist doch kein Problem!«, ein »Ein Indianer kennt keinen Schmerz!« oder ein »Das ist doch nun wirklich kein Grund zum Heulen!« zeigt dem Kind keine Lösung auf und wirft ihm indirekt vor, nicht kompetent mit der Situation umzugehen. Wichtig ist in solchen Momenten, stattdessen auf die Emotionen unseres Kindes einzugehen, damit es selbst lernt, sich mit seinen Emotionen auseinanderzusetzen, und mögliche Lösungen finden kann.

Manchmal gibt es Situationen, die sich belastend auf Kinder auswirken, z. B. Umzug, Streit mit Freunden … Kinder können sich dann z. B. aggressiv verhalten, »spinnen« herum oder ziehen sich auch zurück. Entscheidend ist, dass wir in solchen Situation nicht mit ihnen schimpfen, da sie ohnehin mit der Situation überfordert sind und nicht wissen, wie sie reagieren sollen. Wir können dann empathisch auf sie zugehen, ihnen zuhören und mit ihnen über die Situation sprechen, ihnen Dinge erklären, ihnen Sorgen und Ängste nehmen. Wenn wir sie auf diese Weise in ihrer »Ohnmacht« nicht alleinlassen, geben wir unseren Kindern Stabilität und Orientierung.

Für die Bewältigung von Problemen ist es generell wichtig, eine

- *realistische Sicht auf das Problem* und eine
- *realistische Sicht auf sich selbst*

zu haben und dabei interne und externe Ressourcen zu nutzen. Dabei können wir unser Kind unterstützen.

Was heißt das genau? Um handlungsfähig zu bleiben, ist es wichtig, dass wir uns von einem Problem gedanklich und emotional nicht überwältigen lassen. Ein Problem zu dramatisieren hilft uns dabei nicht weiter.

Genauso wenig hilft das Ignorieren oder Herunterspielen eines Problems und der damit zusammenhängenden Emotionen. Es ist keine Lösung des Problems, sondern eine Vermeidungs- und Verdrängungstaktik. Ein »Ich warte mal ab, was passiert« oder »Ich gehe dem einfach mal aus dem Weg« ist eine passive Herangehensweise. Wenn man Situationen meidet, dann schränkt man sich selbst ein.

Der Weg soll weg von einem bedrückenden »Hilfe, das ist so ein Riesenproblem!« oder einem verdrängenden »Ich hab doch gar kein Problem!« und hin zu einem selbstbewussten und befreienden »Ich krieg das gut hin. Ich überlege und finde einen Weg, mein Problem zu lösen!« führen.

Ein kompetenter Umgang mit einem Problem bedeutet dabei auch, die eigenen persönlichen Fähigkeiten und Grenzen realistisch einschätzen zu können und zu wissen, wann es hilfreich ist, jemand anderen um Unterstützung zu bitten. Eine Fokussierung auf die Handlungsmöglichkeiten unterstützt das Kind bei der Problemlösung. Wir setzen uns mit unserem Kind zusammen und unterstützen es darin, zu schauen, welche verschiedenen Möglichkeiten es gibt, das Problem zu lösen.

Hierzu ist es wichtig, dass wir unserem Kind helfen, sich differenziert, realistisch und konstruktiv mit dem Problem auseinanderzusetzen. Wir dröseln das Problem quasi auf und versuchen mit ihm gemeinsam herauszufinden:

- Was ist genau mein Problem? Was ist passiert? Was fühle ich?
- Warum fühle ich so? Was möchte ich eigentlich genau?
- Was kann ich schon alles? Wo liegen meine Stärken? Schaffe ich das allein oder suche ich mir Hilfe?
- Wie habe ich ähnliche Situationen bereits gelöst?
- Wie kann ich das, was ich möchte, erreichen? Was könnte ich alles tun? Welche Wege gibt es und welche Vor- und Nachteile haben sie bzw. wie erfolgversprechend sind sie?
- Wie gehe ich konkret im Einzelnen vor? An welchen Punkten kann ich ansetzen?

Durch solch ein Gespräch kann unser Kind neue Einblicke in sein Problem bekommen. Vielleicht können wir unserem Kind dabei Dinge erklären, die ihm so noch nicht bewusst sind. Gerade kleineren Kindern fällt es schwer, ihre Gefühle zu benennen und in Worte zu fassen, was sie eigentlich möchten.

Wir können unser Kind darin unterstützen und es ermuntern, sich möglichst eigenständig Gedanken über mögliche Lösungsstrategien zu machen, und können gemeinsam mit ihm mögliche Handlungsschritte zur Zielerreichung überlegen und gegebenenfalls üben. Je nach Alter unseres Kindes braucht es dabei mehr oder weniger Unterstützung. Möglichst offene Fragen regen unser Kind dazu an, sich selbständig Gedanken zu machen und eigene Wege zu finden, um mit Problemen umzugehen und sich so Problemlösekompetenzen anzueignen.

Um eine Situation zu verändern, stehen unserem Kind verschiedene Einflussmöglichkeiten zur Verfügung. Es kann

- zum einen die *Situation an sich ändern.* Das bedeutet, es erreicht eine Änderung der Situation, indem es sich erforderliche Informationen über die Situation sucht und gezielt Handlungen ausführt oder unterlässt. Es setzt seine Kompetenzen ein. D.h. *es lenkt sein Verhalten.* Reichen seine eigenen Fähigkeiten nicht aus, kann es sich Unterstützung von anderen holen.
- zum anderen seine *Sicht auf die Situation ändern.* Das bedeutet, es bewertet die Situation neu. Dadurch ändert sich der Einfluss der Situation auf unser Kind. D.h. *es lenkt seine Emotionen und Gedanken.*

Wie lässt sich die Sicht auf eine Situation ändern?

Problematisch wird es, wenn sich Kinder über ein Problem zu viele Gedanken machen, sich die schlimmsten Dinge ausmalen, die passieren könnten, und sich von ihren negativen Gefühlen übermannen lassen. Insbesondere wenn Kinder in negativen Situationen das Gefühl bekommen, dass sie sie nicht beeinflussen können, entstehen Gefühle der Hilflosigkeit.[22] Negative Gedanken und Emotionen – z.B. »Das wird nie besser und ich kann nichts daran ändern!« oder »Das ist so schlimm. Ich kann an gar nichts mehr anderes denken. Was soll ich denn nur tun?« – blockieren sie, auch in ihrer Motivation, etwas zu unternehmen, und stehen einer aktiven und konstruktiven Herangehensweise im Weg. Kinder können vermehrt zu solchen Generalisierungen und Pauschalaussagen neigen, wenn sie z.B. traurig oder müde sind oder etwas nicht so lief, wie sie es sich vorgestellt haben.

Besonders schwierig wird es, wenn Kinder die Ursache von Problemen bei sich in stabilen Persönlichkeitseigenschaften suchen (vgl. Kapitel 2.1). Wenn Kinder Sätze sagen wie »Das hat nicht funktioniert, weil ich einfach dumm bin!« oder »Das ist nur passiert, weil ich gar nichts kann!«, die auf eine gänzliche Unfähigkeit generalisieren, dann sind das Hinweise auf ein geringes Selbstwertgefühl und eine negative Sicht auf sich selbst. Derartige Gefühle und Gedanken müssen frühzeitig gestoppt und durch einen konstruktiven Problemumgang ersetzt werden, damit keine negative Gedankenspirale entsteht. Um solchen Gefühlen und Gedanken entgegenzuwirken oder sie gar nicht erst aufkommen zu lassen, können wir unserem Kind eine realistische und optimistische Problemsicht vermitteln.

Dazu lenken wir seine Sicht in eine positive Richtung, indem wir unserem Kind helfen,

- sich gezielt positive Situationen ins Gedächtnis zu rufen, in denen seine Fähigkeiten und Kompetenzen, vor allem aber auch die positiven Effekte seiner Anstrengung, seines Durchhaltevermögens, seines Bemühens und seiner Motivation deutlich werden.
- sich auf diese Einflussmöglichkeiten, Stärken und Ressourcen zu konzentrieren.
- zu differenzieren, also zu unterscheiden, welche Einflüsse von außen zum Problem beigetragen haben, und zu prüfen, wie die Situation durch eigenes Bemühen und eigene Anstrengung beeinflusst werden kann.
- sich auf die erforderlichen Schritte zur Problemlösung zu konzentrieren und sich dabei Mut zuzusprechen.
- sich bei Stress zu entspannen und für Erholung zu sorgen (vgl. auch Kapitel 5.1).

Unser Kind kann durch eine konstruktive und positive Problemsicht erkennen, dass Probleme zu bewältigen sind und

- Probleme nicht für immer anhalten oder ständig wiederkommen, sondern dass sie vorübergehend sind und

nicht von Dauer. D.h. die Dauer des Problems wird differenziert wahrgenommen.
- Probleme nicht das ganze Leben beeinträchtigen, sondern nur bestimmte Bereiche betreffen und viele Bereiche unbeeinflusst bleiben, aus denen man dann auch innere Stärke und Rückhalt gewinnen kann. D.h. der Einflussbereich des Problems wird differenziert wahrgenommen.

Solch eine differenzierte Sicht auf das Problem entlastet unser Kind und hilft ihm, das Problem einzugrenzen.

Wir können unser Kind darin unterstützen, dass es seine Kompetenzen in Problemsituationen in den Vordergrund stellt und sich auf die Problemlösung fokussiert. Auf diese Weise kann es seine Einflussmöglichkeiten genauer bestimmen. Das Problem erdrückt einen nicht, sondern wird beeinflussbar und lösbar. Dies fördert die Problemlösefähigkeit unseres Kindes und stärkt den Glauben in die eigene Kompetenz, erfolgreich mit Problemen umgehen zu können. Es schützt das Kind gegen Panik und Gefühle der Hilflosigkeit, die uns als Mensch in unserem Verhalten lähmen können. Es ermutigt unser Kind, in Ruhe mögliche Lösungswege zu überlegen und damit aktiv und konstruktiv mit Schwierigkeiten zurechtzukommen und sie zu lösen.

Was sagt die Forschung zum Thema optimistische und konstruktive Problemsicht?

Es gibt einen positiven Zusammenhang zwischen einem optimistischen und problemlösungsorientierten Umgang mit schwierigen Situationen, der Fähigkeit, positive Aspekte von Problemsituationen zu erkennen, und der Bewertung von solchen Situationen. Außerdem neigen Personen mit einer optimistischen Problemsicht mehr dazu, sich soziale Unterstützung zu holen,

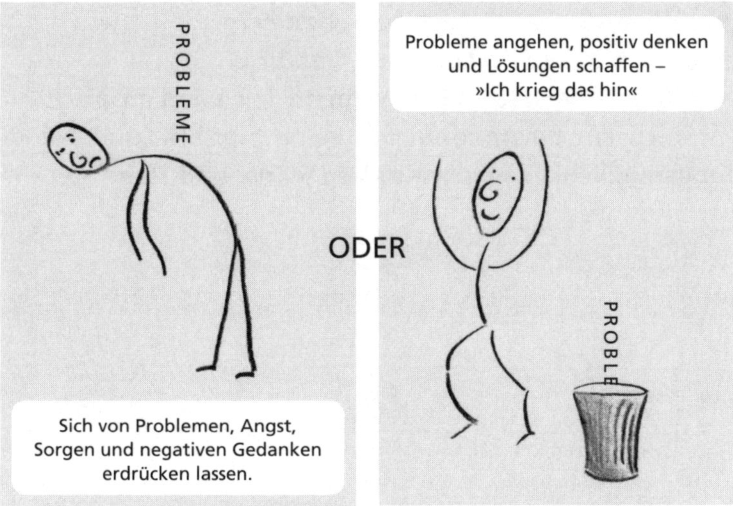

während Personen mit einer pessimistischen Problemsicht Probleme verleugnen und sich selbst davon distanzieren und sich vor allem auf die negativen Aspekte einer Problemsituation konzentrieren.[23]

Unterstützen können wir die Ausbildung einer positiven Problemherangehensweise bei unserem Kind dadurch, dass wir ihm eine solche Problemlösungsvorgehensweise vermitteln. Wir können ihm damit einen Lösungsrahmen mit auf den Weg geben, mit dem es nicht hilflos einem Problem gegenübersteht, sondern genau weiß, welche Schritte ihm bei der Lösung eines Problems helfen und es dementsprechend kompetent dem Problem gegenübertreten kann.

Wir als Eltern können unsere Kinder auch auf Situationen vorbereiten und sie entsprechend einüben, sodass ein Kind bereits im Vorfeld weiß, was es in einer Situation tun kann.

- »Was mache ich, wenn ich abgeholt werden soll, aber niemand kommt?«

- »Wie verhalte ich mich bei Gewitter?«
- »Wie reagiere ich bei einem Unfall?«
- »Wie verhalte ich mich, wenn mich jemand anspricht?«

Solch ein Bewusstsein um seine Einfluss- und Handlungsmöglichkeiten gibt Kindern Stärke und Halt.

3. Unser Kind motivieren und ihm Zuwendung und Orientierung geben

Julia Biesinger

Mit unserer Erziehung begleiten wir unsere Kinder auf ihrem Weg. Wir kümmern uns um sie, motivieren sie und geben ihnen dabei Freiraum und Grenzen, damit sie sich gut entwickeln und entfalten können. Motivation ist die Antriebskraft für unser Handeln. Wie wir unserem Kind diesen Entfaltungsfreiraum, Halt und Orientierung geben, ist der Inhalt dieses Kapitels.

3.1 »Du stützt mich!« – Kindern Halt und Freiraum im Leben geben

Fürsorgliche Zuwendung und Lenkung

Wenn sich unser Kind entwickelt, wird es durch sein ganzes Umfeld geprägt, durch die Eltern, die Geschwister, die Großeltern, Gleichaltrige, Freunde, Erzieher im Kindergarten, Lehrer … Sämtliche Erfahrungen, die unser Kind macht, machen etwas mit unserem Kind. Wie diese Erfahrungen es beeinflussen, darauf nimmt das Wesen unseres Kindes selbst Einfluss dadurch, wie es diese Erfahrungen wahrnimmt und mit ihnen umgeht (vgl. Kapitel 4.3). Den Großteil seiner Erfahrungen – vor allem im ersten Teil seines Lebens – macht unser Kind in seiner Familie. Hier übt es sein Verhalten, probiert sich aus und erfährt, was es tun kann oder auch was es besser lassen sollte. Deswegen wollen wir uns an dieser Stelle das Thema Erziehung genauer anschauen.

Wenn man an Erziehung denkt, denken viele vielleicht daran, dass das Kind Dinge wie gutes Benehmen lernt. Erziehung ist aber viel mehr, als dass man seinem Kind sagt, was es tun oder lassen soll. Erziehung hat damit zu tun, was man seinem Kind vorlebt, welche Haltung man ihm gegenüber einnimmt, wie man miteinander umgeht, welche Vorstellungen man vom Leben und vom Menschsein hat. Erziehung bedeutet, Werte zu leben und auch, sich mit dem Kind zu entwickeln

Jeder Mensch hat einen anderen Zugang zur Erziehung. Manche lesen sich alles durch oder schauen sich alles an, was mit Erziehung zu tun hat, und machen sich dann eine Vorstellung davon, wie sie ihre Kinder erziehen möchten, oder haben bereits bestimmte Vorstellungen. Andere wiederum machen sich darüber gar keine Gedanken und gehen intuitiv an die Sache heran – sie machen einfach.

Was sagt die Forschung zum Thema Erziehung?

Forschungsarbeiten im Bereich Erziehung zeigen, dass Eltern in ihrem Erziehungsstil anhand zweier Aspekte (sog. Dimensionen) charakterisiert werden können: einer emotionalen Dimension und einer Lenkungsdimension.[1]

Was bedeuten diese beiden Dimensionen?

- Die emotionale Dimension beschreibt das Elternverhalten im Sinne einer fürsorglichen Zuwendung dem Kind gegenüber dahingehend, wie viel Unterstützung, emotionale Wärme und Anteilnahme Eltern ihrem Kind geben.
- Die Lenkungsdimension beinhaltet das Ausmaß an Kontrolle, das Eltern in ihrem Erziehungsverhalten aufweisen. D. h. sie beschreibt, in welchem Ausmaß die Eltern auf das Kind einwirken, indem sie das Leben ihres Kindes strukturieren, Grenzen setzen oder Ansprüche bezüglich des Verhaltens des Kindes stellen (z. B. bezüglich Sozialverhalten oder Schulleistungen). Diese Dimension bestimmt auch das Ausmaß an Monitoring (vgl. Kapitel 1.3).

Wenn wir an Erziehung denken, dann denken wir vor allem an den aktiven Umgang mit Kindern. Die Lenkungsdimension steht bei dem Begriff Erziehung klar im Vordergrund, die emotionale Dimension geht dabei leider etwas unter.

In der Erziehungsstilforschung haben sich vier Erziehungsstile herauskristallisiert, die sich anhand der Ausprägungen der emotionalen und der Lenkungsdimension beschreiben lassen: der autoritative, der autoritäre, der permissive und der vernachlässigende Erziehungsstil.[2]

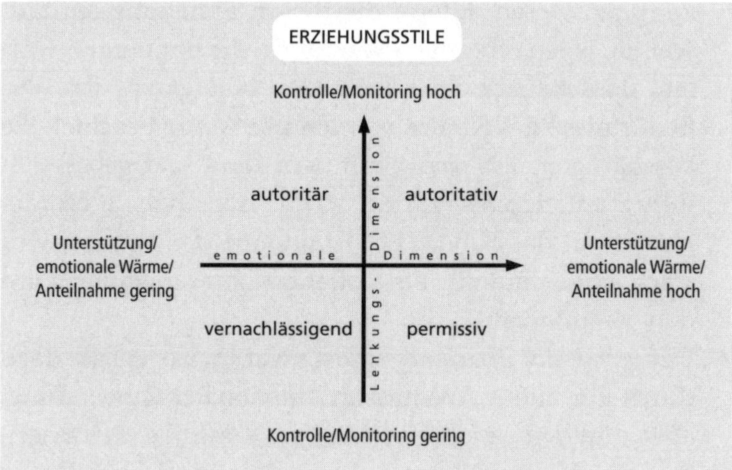

- Als besonders förderlich hat sich der *autoritative Erziehungsstil* erwiesen, der von einem hohen Ausmaß an fürsorglicher Zuwendung und gleichzeitig einem hohen Ausmaß an Lenkung gekennzeichnet ist.[3]
  Eltern mit einem autoritativen Erziehungsverhalten sind liebevoll. Sie unterstützen ihr Kind und beachten die Bedürfnisse und die Individualität ihres Kindes. In Bezug auf unerwünschtes Verhalten setzen sie klare Grenzen und erklären und begründen diese. Sie geben eine Struktur vor. Auch wenn das Kind unerwünschtes Verhalten zeigt, lassen die Eltern es wissen, dass sie es trotzdem

lieben und unterstützen. Die Eltern achten außerdem darauf, wie sie ihr Kind entwicklungsangemessen fördern können, und schaffen dafür entsprechende Anreize. Sie fördern die Autonomie des Kindes. Eltern und Kind können offen miteinander reden.

- Der autoritative Erziehungsstil sollte nicht mit dem *autoritären Erziehungsstil* verwechselt werden, bei dem Eltern in ihrem Erziehungsverhalten eine hohe Ausprägung an Kontrolle, aber eine niedrige Ausprägung an Unterstützung aufweisen. Eltern, die diesen Erziehungsstil aufweisen, legen oft großen Wert auf Gehorsam und erwarten, dass Regeln ohne Erklärung befolgt werden. Die Bedürfnisse des Kindes werden nur wenig beachtet. Sie beschäftigen sich wenig mit dem Kind und geben ihm wenig emotionale Wärme, stellen aber hohe Anforderungen an das Kind. Die Autonomie des Kindes wird stark eingeschränkt. Eine offene Kommunikation wird dabei verhindert.
- Der *permissive Erziehungsstil* ist zwar im Gegensatz dazu durch ein hohes Ausmaß an emotionaler Zuwendung, aber durch ein niedriges Maß an Kontrolle charakterisiert. Permissive Eltern stellen keine Regeln auf, lassen die Kinder gewähren, engagieren sich aber nur wenig für die Kinder und stellen wenig Anforderungen, verhalten sich aber emotional dem Kind gegenüber positiv und wertschätzend.
- Der *vernachlässigende Erziehungsstil* ist durch ein geringes Ausmaß an Kontrolle und Unterstützung geprägt, d.h. die Eltern kümmern sich insgesamt sehr wenig um ihre Kinder und es gibt auch keine enge emotionale Verbindung zum Kind.

Welchen Einfluss hat der Erziehungsstil auf mein Kind?

»Autoritative Eltern sind hochgradig bereit, ihre Kontrollen in dem Maße zurückzunehmen, in dem Söhne und Töchter ihre Voraussetzungen verbessern, selbstverantwortlich zu handeln. Wenn Vater und Mutter die zugestandene Freiheit somit feinfühlig von Entwicklungsfortschritten des Jugendlichen abhängig machen, schaffen sie günstige Bedingungen zur Förderung seines Selbstvertrauens, denn dem Jugendlichen wird Selbständigkeit nur insoweit zugestanden, wie er begründete Aussichten eröffnet, die damit einhergehenden Anforderungen zu bewältigen.« (Gerd Mietzel)[4]

Was sagt die Forschung zum Thema Erziehungsstil?

Kinder *autoritativer* Eltern weisen ein größeres Wohlbefinden und Selbstbewusstsein auf.[5] Sie haben eine höhere Lebenszufriedenheit, zeigen weniger Problemverhalten, z. B. weniger Drogenkonsum, haben die geringsten Depressionsraten und zeigen das höchste schulische Engagement.[6] Sie haben die höchste psychosoziale Kompetenz.[7]

Kinder *autoritärer* Eltern weisen eine geringe soziale Kompetenz auf und haben ein geringes Selbstwertgefühl.[8] Außerdem weisen sie eine hohe Depressionsrate auf.[9]

Kinder *permissiver* Eltern weisen ein niedriges Selbstwertgefühl auf.[10] Sie konsumieren häufiger Drogen, zeigen häufiger schulisches Problemverhalten und weniger Engagement in der Schule und sind der Schule gegenüber generell weniger positiv eingestellt als Kinder autoritärer oder autoritativer Eltern.[11]

Kinder *vernachlässigender* Eltern rauchen doppelt so viel, trinken fast doppelt so viel Alkohol und weisen einen höheren Drogenkonsum auf als Kinder autoritativer Eltern.[12] Kinder mit mindestens einem vernachlässigenden Elternteil weisen ein geringeres Selbstwertgefühl auf als Kinder ohne vernachlässigende Eltern.

Kinder vernachlässigender Eltern sind häufiger depressiv und weisen die schlechtesten Ergebnisse sowohl auf der emotionalen als auch auf der Verhaltensebene auf.[13]

Wenn man Untersuchungen zum Einfluss des autoritativen und des autoritären Erziehungsstils vergleicht, fällt auf, wie wichtig die emotionale Dimension ist. Eine hohe Lenkung fällt ganz unterschiedlich aus, je nachdem, ob man seinem Kind gleichzeitig fürsorglich, unterstützend und akzeptierend zugewandt ist oder nicht.[14]

Wenn man sich gezielt verschiedene elterliche Verhaltensweisen anschaut, so zeigt sich, dass elterliche Wärme mit einer guten Beziehung zwischen den Kindern im Jugendalter und den Eltern einhergeht und die Jugendlichen ein höheres Selbstvertrauen und weniger Verhaltensprobleme aufweisen. Die Unterstützung der Eltern erweist sich als ein wichtiger Schutzfaktor in der Entwicklung der Kinder.[15]

Eltern, die sich lieblos und kontrollierend verhalten, verhindern, dass sich ihr Kind ein positives Bild zu sich selbst und zu anderen aufbauen kann. Diese Kinder machen negative Bindungserfahrungen.[16]

Im Bereich Kreativität zeigt sich beispielsweise in einer iranischen Studie ein positiver Zusammenhang zwischen einem autoritativen Erziehungsstil und Kreativität und ein negativer Zusammenhang zwischen einem autoritären Erziehungsstil und Kreativität. Zwischen dem permissiven Erziehungsstil und Kreativität wurde kein Zusammenhang gefunden. Die Studie schlussfolgert, dass ein autoritativer Erziehungsstil helfen kann, die Kreativität bei Kindern zu fördern.[17]

Zusammenfassend lässt sich also sagen, dass fürsorgliche, sich für ihr Kind engagierende Eltern das Kind stärken und es vor möglichen negativen Einflüssen schützen.

Einflussfaktoren auf die Erziehung und auf die Entwicklung des Kindes

Doch nicht nur unsere Persönlichkeit oder unsere Ansicht von Erziehung haben eine Auswirkung auf unsere elterlichen Verhaltensweisen. Es gibt auch andere Faktoren, die dabei eine Rolle spielen. Sie wirken direkt oder indirekt darauf ein, wie wir und unser Kind uns einander gegenüber verhalten, wie wir uns jeweils entwickeln und sich auch die Beziehung zueinander entwickelt. Das folgende Bild gibt eine Übersicht über mögliche Faktoren.

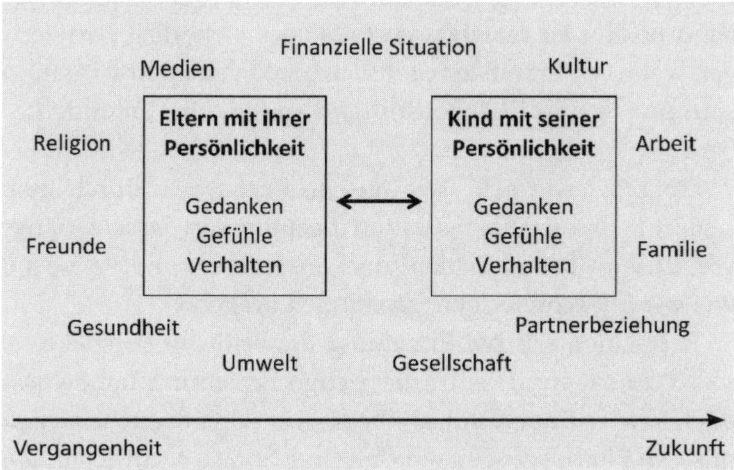

Die Erziehung unseres Kindes läuft also nicht in einem luftleeren Raum ab. Es gibt verschiedene Faktoren, die uns beeinflussen und die auch wir beeinflussen können. Diese wechselseitigen Beeinflussungen, egal ob von außen auf uns einwirkend oder innerhalb unserer Familie, befinden sich sozusagen in ständiger Bewegung und Entwicklung. Sie sind dynamisch, d.h. veränderlich.

Finanzielle, berufliche, religiöse, gesellschaftliche und kulturelle Rahmenbedingungen, gesundheitliche Faktoren, die Beziehung zwischen den Eltern, der Einfluss von Erziehern, Lehrern, Gleichaltrigen oder Freunden, die Inhalte, die von den Medien transportiert werden, die sich natürlich ihrerseits auf verschiedene Themen beziehen können – all dies sind Faktoren, die uns in unserem Leben beeinflussen, unsere Persönlichkeit mitformen, aber auch Auswirkungen auf unser Verhalten, unser Denken, unsere Befindlichkeit und Stimmung haben.

Sind wir zufrieden, sind wir entspannt, dann können wir uns unserem Kind ganz anders widmen, als wenn uns z.B. die Beziehung zum Partner beschäftigt. Oder unser Kind positiv zu erziehen gestaltet sich sicherlich schwieriger, wenn wir arbeitslos und finanziell in einer Notsituation sind und wenig Rückhalt durch Familie oder Freunde haben.

Ob bzw. wie sehr wir uns beispielsweise durch eine schlechte finanzielle Situation beeinflussen lassen, hängt von unserer Persönlichkeit und unserer Art und Weise ab, wie wir mit schwierigen Situationen umgehen.

Betrachten wir bei Erziehung die zeitliche Perspektive, so ist zu sagen, dass in die jetzige Erziehung unbewusst oder bewusst auch mit einfließt, wie wir unsererseits von unseren Eltern erzogen worden sind. So wie natürlich in die Entwicklung unseres Kindes (und möglicherweise dann in die Erziehung seiner Kinder) mit einfließt, wie wir unser Kind erziehen und welche Erfahrungen es mit uns gemacht hat und weiterhin macht.

Mehr noch: So wie wir unser Kind beeinflussen mit unseren Gedanken, unseren Gefühlen und unserem Verhalten, so beeinflusst unser Kind auch uns mit seinen Gedanken, seinen Gefühlen, seinem Verhalten.

Unser Erziehungsstil bzw. unsere elterlichen Verhaltensweisen wirken nicht nur auf das Verhalten oder die Persönlichkeit unseres Kindes, sondern gleichzeitig wirken das Verhalten und die Persönlichkeit unseres Kindes auch auf uns und unser Verhalten als Eltern.

Ein kurzes Beispiel, wie sich das Temperament eines Kindes auf das elterliche Verhalten auswirkt: Bei den sogenannten »Schreibabys« kann es dazu kommen, dass die Signale des Kindes, das fortwährende Schreien, sich zunehmend negativ auf die Eltern auswirken, sie zunehmend an ihren Kompetenzen zweifeln, überfordert sind und infolgedessen weniger kompetent auf die Bedürfnisse des Kindes reagieren. Eine negative Gegenseitigkeit, ein Teufelskreis entsteht. Nehmen hingegen die Eltern von Seiten der Kinder positive Rückmeldungen wahr, stärkt sie das auch in ihrem Selbstvertrauen in die eigene Kompetenz und sie reagieren kompetent auf die Bedürfnisse ihres Kindes. Eine positive Gegenseitigkeit, ein Engelskreis entsteht.[18]

Die Erfahrungen, die wir in unserem Leben machen, formen uns auf verschiedene Weise.

3.2 »Ich stelle die Regeln mit auf!« – Wie Kinder Regeln leichter akzeptieren und dazulernen

Wir als Eltern möchten es unserem Kind ermöglichen, so viel Freiheit wie möglich in seinem Tun zu haben. Dies stärkt sein Gefühl der Selbstbestimmung und fördert sein Selbstvertrauen.

Kinder von innen heraus motivieren

Was treibt uns eigentlich an, bestimmte Dinge zu tun? Wir führen eine Handlung aus, wenn wir dazu motiviert sind und sie unseren Wünschen und Zielen entspricht. Motivation versetzt uns in die Bereitschaft, eine Handlung aufzunehmen oder zu unterlassen. Motivation entsteht aus persönlichen inneren Motiven und aus den potenziellen Anreizen, die eine Situation in sich birgt.

Wir können intrinsisch oder extrinsisch motiviert sein.

- *Intrinsische Motivation* bedeutet, dass der Anreiz, eine Handlung auszuführen, in der Handlung selbst liegt. Wir tun etwas, weil wir neugierig darauf sind, Interesse daran haben oder einfach, weil es uns Spaß macht. Wenn wir etwas von innen heraus machen, dann erleben wir uns als selbstbestimmt und autonom. Wir machen es gern, weil wir Gefallen daran haben.
- *Extrinsische Motivation* bedeutet, dass wir eine Handlung aufgrund äußerer Anreize ausführen. Wenn wir also extrinsisch, von außen motiviert sind, dann steht das Erhalten einer Belohnung oder das Vermeiden einer Bestrafung im Mittelpunkt und nicht die Handlung selbst.

Wie sieht es mit unserer Motivation also aus, wenn wir Druck und Zwang von außen verspüren? Wenn uns die Handlung von außen aufgezwungen wird, sind wir wenig motiviert, ihr nachzukommen, und reagieren mit Widerstand. Wir werden dann in unserer Autonomie beschränkt. Vor allem in Situationen, in denen wir uns in unserer persönlichen Freiheit eingeschränkt fühlen, entsteht in uns ein negatives Gefühl und wir wollen dieser Verhaltenseinschränkung entgegenwirken. Dies wird *Reaktanz* genannt.[19] Es ist also ganz menschlich, dass Kinder mit Protest reagieren, wenn etwas von ihnen verlangt wird, das nicht ihren eigenen Wünschen und Zielen entspricht.

Wenn Kinder sich dauernd den Wünschen und dem

Druck ihrer Eltern unterordnen müssen, werden sie zunächst versuchen, dagegen anzukämpfen. Dies kann zum einen dazu führen, dass Aggressionen beim Kind entstehen. Zum anderen kann es dazu führen, dass sich Angst im Kind aufbaut und es den Druck als so hoch empfindet, dass es sich nicht mehr traut, sich zu äußern, oder aus Angst vor den negativen Konsequenzen solche und ähnliche Situationen ganz meidet.

> Wir versetzen uns in unser Kind:
>
> Mache ich etwas, weil ich es gut finde, oder mache ich es, weil Mama und Papa mich dazu zwingen? Würde ich es dann machen, wenn Mama und Papa nicht da sind?

Druck kann auch dazu führen, dass Kinder zwar die Regeln befolgen, aber nur im Beisein der Eltern. Deshalb ist es so wichtig, dass wir versuchen, die intrinsische Motivation unserer Kinder zu fördern, sie von innen heraus zu motivieren. Dies können wir, indem wir das Autonomiebedürfnis unseres Kindes unterstützen, indem wir seine Gefühle und seine Sichtweise wahrnehmen, indem wir auf unser Kind so wenig wie möglich kontrollierend einwirken, es dabei zur Initiative ermuntern und ihm Wahlmöglichkeiten anbieten, und indem wir ihm erklären, weshalb wir etwas von ihm erwarten, sodass es die Hintergründe begreifen kann.[20] Dann ist es mit einem anderen Ausmaß an Ausdauer und Wille mit dabei. Wichtig ist es daher, *mit* unserem Kind zu arbeiten und seine Motivation für die Handlung an sich zu fördern. Zum Teil tun wir dies schon dadurch, dass wir ihm die Dinge vorleben, die für uns wichtig sind (vgl. Kapitel 4.1). Auf diese Weise tragen wir dazu bei, dass unsere Kinder sich als selbstbestimmt erleben und Werte, Einstellungen und Verhaltensweisen verinnerlichen.[21]

Grenzen geben Halt und Orientierung

In jeder Erziehung sind auch Grenzsetzungen notwendig. Wir geben unserem Kind damit eine Struktur, die wie ein unsichtbares Netz wirkt, das es im Alltag stützt. Diese Struktur liefert ihm Orientierungspunkte, die ihm Halt und Sicherheit geben.

> »Da die Welt für das Kind voller Aufregungen und Geheimnisse steckt, unüberschaubar erscheint (und ist), braucht es Grenzen und Orientierung, um sich zurechtzufinden. Grenzen verschaffen Kindern eine Möglichkeit, sich *sinnvoll zu orientieren.*
>
> Erspart man dem Kind dieses, so läuft es zwangsläufig gegen Mauern und stößt sich den Kopf, was vermieden hätte werden können. Das Leben selbst hält Grenzen bereit. Es ist also unrealistisch, dem Kind vorzumachen, dass alles und jedes machbar ist. Selbst wenn die Eltern und Großeltern immer so springen würden, wie das Kind es wünscht, wäre es unausweichlich, dass irgendwann eine Grenze auftaucht.« (Beate Weymann)[22]

Grenzen im Sinne von Halt und Schutz helfen unserem Kind, ein realistisches Bild seiner Umwelt zu gewinnen: Es lernt seine Möglichkeiten und Grenzen kennen, es lernt, verantwortungsbewusst mit sich, seiner Umwelt und seinen Mitmenschen umzugehen, und es weiß seine Autonomie zu nutzen. Grenzen eröffnen auf diese Weise die kompetente und aktive Nutzung des Freiraums (vgl. Kap. 6.2).

Grenzen setzen – aber wie?

Von Haus aus geben wir unserem Kind eine Struktur, in der es aufwächst, wir regulieren seinen Tagesablauf, geben Zeiten zum Schlafen, zum Essen … vor. Als Eltern ist es unsere

Aufgabe, die »richtigen« Grenzen zu setzen. Aber was sind »gute«, was sind »schlechte« Grenzen? Machen Sie sich gern an dieser Stelle ein paar eigene Gedanken.

- Wo setze ich Grenzen? Wieso setze ich sie? Was würde passieren, wenn es diese Grenzen nicht gäbe? Wie setze ich diese Grenzen?
- Wie geht mein Kind mit diesen Grenzen um? Versteht es sie? Empfindet mein Kind sie als negativ / hinderlich oder als positiv / förderlich für seine eigene Person? Akzeptiert es sie oder gibt es ständige Auseinandersetzungen wegen dieser Grenzen oder ständige Versuche, diese Grenzen zu überschreiten?
- Was bewirken diese Grenzen? Schränken sie mein Kind in seiner Persönlichkeit ein oder fördern sie seine Persönlichkeit?

Eltern sind verschieden. Kinder sind verschieden. Wenn wir Grenzen setzen, fließen dabei immer unsere eigenen Werte und Vorstellungen dessen, was erwünscht oder unerwünscht ist, mit ein.

Unser Kind hat bestimmte Bedürfnisse und wir als Eltern haben unsere Bedürfnisse. Diese auf beiden Seiten wahrzunehmen und ernst zu nehmen, liefert wichtige Anhaltspunkte dafür, wie ich als Eltern Grenzen setzen kann.

Grenzen setzen wir da, wo sie Schutz für unser Kind und Schutz für andere bieten. Wir ziehen auch Grenzen, um Objekte zu schützen, um das Kind also zu einem verantwortlichen Umgang mit eigenen oder fremden Gegenständen und der Umwelt anzuleiten. Seine Geschwister oder andere Kinder zu schlagen, mutwillig Dinge zu zerstören, das geht nicht.

Dabei ist es ganz natürlich, dass Kinder immer wieder

ihre Grenzen ausloten und schauen, wie viel Autonomie wir ihnen ermöglichen. Es wird Situationen geben, in denen wir erkennen, dass wir unseren Kindern mehr Autonomie zugestehen können, weil sie an Kompetenzen dazugewonnen haben. Oder auch Situationen, in denen wir merken, dass wir ihnen zu viel Autonomie zugestanden haben und diese wieder einschränken müssen. Und wiederum andere Situationen, in denen wir erkennen, dass wir unsere Kinder noch mehr unterstützen müssen und zu viel Autonomie von ihnen erwartet haben. Unter Beobachtung unseres Kindes, in Diskussion mit ihm und in Abhängigkeiten der Bedürfnisse auf beiden Seiten müssen wir immer wieder ein neues Gleichgewicht darin finden, wie viel Unterstützung unser Kind noch braucht und wie viel Autonomie wir unserem Kind bereits zugestehen können.[23] Die fortschreitende Entwicklung des Kindes erfordert es immer wieder, dass wir bisher feststehende Regeln oder Grenzen überdenken, sie anpassen oder ändern.

Ob wir unser Kind im Straßenverkehr fest an der Hand halten oder allein gehen lassen oder wie lange es fernsehen oder abends aufbleiben darf, hängt vom Alter und den Kompetenzen unseres Kindes ab.

Kinder in Regeln einbeziehen

Wir wollen mit den aufgestellten Regeln unserem Kind etwas für sein Leben mitgeben. Es soll mit diesen Regeln etwas anfangen können, einen Sinn darin entdecken. Die Regeln sollen ihm Handlungsanleitungen liefern. Deshalb wollen wir sie sinnhaft begreifbar zusammen mit dem Kind gestalten.

Wir sollten auch darauf achten, *wie* wir dabei mit unserem Kind reden und umgehen. Denn es macht einen Unterschied, wie wir die Erwartungen, die wir haben, äußern. Ob wir dabei zuversichtlich mit unserem Kind reden und damit zeigen, dass wir an unser Kind und seine Kompetenzen glauben, oder ob wir mit Druck arbeiten und damit ausdrücken, dass wir die Bedürfnisse unseres Kindes nicht einbeziehen, sind qualitativ ganz unterschiedliche Dimensionen.

> »Autoritative Eltern sind hochgradig bereit, ihre Kinder in Gespräche zu verwickeln, durch die sie Gelegenheit erhalten, das Geben und Nehmen in sozialen Situationen zu üben. Im Rahmen von Unterhaltungen in der Familie werden Töchtern und Söhnen Regeln und Erwartungen erläutert, und damit fördern Eltern das Verständnis ihrer Kinder für soziale Systeme und soziale Beziehungen.« (Gerd Mietzel)[24]

Mit Regeln wollen wir unserem Kind bestimmte Werte und ein bestimmtes Verhalten vermitteln. Wie wir gesehen haben, verinnerlichen Kinder diese am besten, wenn sie sich dabei als selbstbestimmt erleben. Dies können wir fördern, indem wir unser Kind mit einbeziehen und mit ihm gemeinsam Regeln aufstellen. Wenn es die Regeln als seine eigenen Regeln erlebt, wird ihm dies erleichtern und motivieren, sie einzuhalten.

Folgende Punkte helfen uns bei der Gestaltung der Regeln:

- *Bekannte Regeln:* Mit diesem Punkt ist gewährleistet, dass die Regeln nicht nur stillschweigend bestehen, sondern dass sie unserem Kind vorher bekannt sind. Es kann sich darauf einstellen. Regeln geben unserem Kind die Möglichkeit, Situationen realistischer einzuschätzen und Reaktionen unsererseits vorhersehbar zu machen. Es kann Gesetzmäßigkeiten erkennen und unsere Reaktionen werden für unser Kind dadurch nachvollziehbar.

- *Standpunkt und Sichtweise der Eltern:* Wir reden mit unserem Kind darüber, wieso uns als Eltern das betreffende Verhalten wichtig ist. Wir erklären ihm die Hintergründe. Es kann auf diese Weise unsere Erwartungen besser verstehen und nachvollziehen und kennt unseren Standpunkt. Damit geben wir ihm eine Orientierung: Was möchte ich als Mutter, als Vater gern? Was erwarte ich von ihm?
  Wie reden wir dabei mit unserem Kind?
  Zu diesem Punkt gehört auch, dass wir uns als Eltern einig sind, was wir von unserem Kind erwarten. Ansonsten verwirren wir unser Kind, wenn Regeln von Person zu Person plötzlich ganz anders sind.

- *Bedürfnisse des Kindes und Situationsabhängigkeit:* Und wir beziehen die Sichtweise unseres Kindes mit ein: Welche Bedürfnisse und Erwartungen hat mein Kind? Was kann ich überhaupt von ihm erwarten, wenn ich mir seinen physischen und psychischen Entwicklungsstand vor Augen führe?
  Wir nehmen die Bedürfnisse unseres Kindes wahr und hören uns seine Sichtweise mit Respekt an und gehen auf sie ein. Bei unserem Vorgehen berücksichtigen wir die momentane Situation und das Alter unseres Kindes. Wir bleiben offen und berücksichtigen auch kritische Einwände unseres Kindes und seine Sicht der Dinge und betrachten sie in Abhängigkeit der Situation. Wir treffen Absprachen und Vereinbarungen. Die folgenden zwei Beispiele zeigen, wie solche Absprachen oder Vereinbarungen aussehen können.
  – Kinder sammeln unheimlich gern. Vielleicht erinnern Sie sich ja daran, was Sie als Kind alles gesammelt haben? Auf dem Weg vom Kindergarten oder der Schule

lassen sich immer wieder interessante Dinge finden: Steine, Stöcke … Alles Mögliche nehmen unsere Kinder als Schatz mit nach Hause. Manchmal steht dann die Sammellust unserer Kinder im Gegensatz zur Ordnungsliebe von uns Eltern … Wir können miteinander reden und uns z. B. darauf einigen, dass sie ihre ganz eigene Ecke haben, wo ihre Sammelschätze gut aufgehoben sind.

– Oder z. B. beim Aufräumen können wir uns mit unseren Kindern darauf einigen, dass etwas, woran sie noch weiterspielen oder weiterbauen wollen, stehen bleiben darf, während alles andere aufgeräumt wird. So muss z. B. die konstruierte Eisenbahnstrecke, der Bausteinturm, die Parkgarage oder das Puppenhaus nicht gleich weggeräumt werden. Wir zeigen so auch Wertschätzung dafür, was unsere Kinder gestalten.

Kommt es häufiger dazu, dass das Kind die Regel mit seinem Verhalten in Frage stellt, sollten noch einmal die Bedürfnisse des Kindes und die eigenen Erwartungen ausgeleuchtet werden: Ist die Regel im Sinne des Kindes? Ist sie noch altersangemessen oder entwicklungsangemessen? Könnte sie für bestimmte Situationen angepasst werden? Welche Konsequenzen hätte eine Regeländerung? Sind meine eigenen Erwartungen angemessen?

Wir versuchen bei der Aufstellung der Regeln also die Bedürfnisse von beiden Seiten zu beachten. Von Zeit zu Zeit passen wir bestehende Regeln situations- und entwicklungsentsprechend an oder verändern sie. Besonders bei kleineren Kindern ist hier unser Einfühlungsvermögen gefragt. Was beobachte ich? In Abhängigkeit des Alters meines Kindes kann es sich immer mehr selbst dazu äußern, seine Sicht der Dinge mitteilen und sich selbst besser bzw. realistischer einschätzen.

Ich glaube, dass Kinder zu einem gewissen Grad ein sehr gutes eigenes Gespür für ihre Bedürfnisse und Grenzen haben, dafür, was ihnen guttut und was nicht. Kinder sind aber auch Kinder und vor allem, wenn sie noch jünger sind, sind sie nicht in der Lage, die Folgen ihres Tuns abzuschätzen oder Gefahren realistisch einzuschätzen (vgl. Kapitel 4.3). An dieser Stelle ist unsere eigene Erfahrung, unser Wissensvorsprung der richtige Ratgeber, altersangemessen Regeln zu formulieren und sie verständlich zu erklären.

- *Regeln auf Augenhöhe und Fördern von Lerneffekten:* Es sind Regeln auf Augenhöhe, die das Kind ermutigen sollen, mitzuarbeiten. Regeln fördern die gegenseitige Wertschätzung und sollen unsere Kinder dazu anregen, sich darüber Gedanken zu machen und sich mit den entsprechenden Situationen auseinanderzusetzen.
  Wir können unsere Kinder oft einfach auch miteinbeziehen, miteinbinden und sie mithelfen lassen, z. B. beim Kochen und Backen, beim Wäschezusammenlegen, beim Autoreparieren usw. Kinder helfen gern und sind stolz darauf, wenn sie etwas dazulernen. Wir können es in gewisser Weise mit beeinflussen, ob sie etwas als »lästige Pflichterfüllung« oder als ein »gemeinsames Zusammenhelfen« empfinden. Anders als wenn wir Druck ausüben – »Du musst jetzt aber helfen!« oder »Das wird jetzt aber sofort gemacht!« –, können wir dadurch, wie wir positiv mit unseren Kindern umgehen und welche Haltung wir ihnen entgegenbringen und was wir ihnen vorleben, sie für Dinge begeistern.

- *Positive Lenkung:* Generell ist es wichtig, dass wir unsere Kinder in ihren positiven Handlungen stärken, dass wir

uns Zeit nehmen, ihnen Aufmerksamkeit und Wertschätzung schenken.
Ein Kind, das nur Aufmerksamkeit bekommt, wenn es sich negativ verhält, wird dadurch in seinen negativen Verhaltensweisen verstärkt. So wird beispielsweise ein Kind, das merkt, dass wenn es quengelt, es einen Lutscher bekommt, damit es ruhig ist, beim nächsten Mal wieder quengeln, um den tollen Lutscher zu bekommen! Würden Sie das nicht auch tun? ☺
Gerade beim Einkaufen ist Kindern oft langweilig. Spannender ist es für sie, wenn sie miteinbezogen werden: »Weißt du, wo der Joghurt steht? Magst du die Nudeln holen?« Klare Regeln und ein bestimmtes Auftreten helfen unserem Kind.
Wir können konstruktive Aufforderungen äußern, die unserem Kind Hilfestellungen darin geben, mögliche positive Handlungsschritte zu erkennen und zu nutzen. Wir können es dazu ermutigen und seine Aufmerksamkeit auf den nächsten Handlungsschritt ziehen.

- *Betonung der Wahlfreiheit:* Es fördert die Motivation unseres Kindes, wenn wir ihm Entscheidungsspielräume geben. Wenn es selbst über eine Handlung entscheidet, erlebt es dies als seine eigene. Und wenn wir unserem Kind eine Wahlfreiheit anbieten, hilft ihm dies, sein Verhalten zu lenken. Ein »Du ziehst jetzt deine Mütze an!«, das so formuliert sehr druckerzeugend ist, wirkt anders, als wenn wir unser Kind fragen: »Willst du deine gelbe oder deine blaue Mütze anziehen?« Mit solch einer Frage ziehen wir die Aufmerksamkeit unseres Kindes schon auf den nächsten Handlungsschritt, eröffnen ihm dadurch eine Entscheidungsmöglichkeit und es fühlt sich dadurch selbstbestimmt. Es kann sich leichter darauf einlassen.

Läuft das Kind bereits einem Regelverstoß entgegen, erinnern wir besonders kleine Kinder nochmal an die Regel und machen ihnen ihre Wahlfreiheit, sich an die Regel zu halten oder dagegen zu verstoßen, und die damit zusammenhängenden Konsequenzen noch einmal bewusst.
Dies klärt zum einen die Situation: Dem Kind wird bewusst, dass es sich an einer Grenze befindet und dass es in dieser Situation klare Regeln gibt. Es ruft sich die Regel wieder ins Gedächtnis und stellt Zusammenhänge zwischen Situationsaspekten und der Regel her.
Wir kündigen mögliche Folgen an und äußern damit unsere Erwartung. Beispielsweise fordern wir das Kind klar auf, dass es ein Verhalten, das sich oder anderen Menschen schadet, unterlässt.
Und wir nutzen die Möglichkeit, sein Verhalten in eine positive Richtung zu lenken.

- *Ruhiges, bestimmtes Auftreten:*
  Wenn wir unser Kind auffordern, etwas zu tun, dann hilft es, Aufforderungen klar und deutlich zu formulieren. Z.B. ist ein »Räum dein Zimmer auf!« gerade für kleinere Kinder wenig konkret. Es hilft ihnen, wenn wir konkreter werden und etwa sagen: »Räum zuerst deine Autos in die grüne Kiste.«
  Manchmal denken wir, wir sind besonders höflich, wenn wir unsere Erwartungen als Frage formulieren: »Willst du den Ball aufräumen?« Besonders schwierig ist es für Kinder, aus einer solchen Ja-Nein-Frage, die eigentlich zu einer eigenständigen Entscheidung auffordert, einen Appell herauszuhören. Auch hier verdeutlicht ein »Bring den Ball in die Garage« die konkrete Erwartung (vgl. Kapitel 1.3).

Für uns Eltern ist es hilfreich, uns bewusst zu machen, dass wir zunächst die Aufmerksamkeit unserer Kinder auf uns ziehen müssen, wenn wir sie zu etwas auffordern. Beispielsweise »hören« sie oft schlecht und sind wenig gewillt, unserer Aufforderung zu folgen, wenn sie gerade im Spiel vertieft sind. Für sie ist das Spiel wichtig und es bindet ihre ganze Aufmerksamkeit. Auch hier hilft es, unsere Aufforderung klar zu formulieren.
Und wir sprechen mit unserem Kind ruhig, freundlich und empathisch, wenn wir einen Verweis aussprechen, aber bestimmt und eindeutig, und erklären ihm, wieso wir eine Grenze setzen. Wir nehmen uns Zeit. Dabei stehen die Folgen seiner Handlungen im Vordergrund. Auf diese Weise stellen wir klar, dass wir es als Person wertschätzen und liebhaben, auch wenn wir in der konkreten, aktuellen Situation sein Verhalten nicht begrüßen, und dass wir es auf seinem Weg positiv begleiten und unterstützen wollen. Sein Fehlverhalten wird klar kommuniziert, damit unser Kind weiß, was ganz genau an seinem Verhalten der Knackpunkt war. Wichtig ist auch hier, dass wir keine Vergleiche oder Beschuldigungen aussprechen. Es geht nicht um die Klärung einer Schuldfrage. Diese Entkoppelung von Person und Verhalten bewirkt, dass auch das Kind sich auf sein Verhalten fokussiert und nicht sein Selbstbild in Frage stellt (vgl. Kapitel 1.3).
Ruhig, aber bestimmt aufzutreten bedeutet auch, mit einer Standpunktklärung seine eigenen Bedürfnisse deutlich zu machen und sich dabei nicht auf längere Diskussionen einzulassen. Ansonsten laufen wir in Gefahr, dass wir und unser Kind sich in die Situation reinsteigern und die Sache eskaliert. Beispielsweise muss man in Situationen, in denen man merkt, das Kind ist übermüdet

oder total überdreht, einen Schlusspunkt setzen, auch wenn uns das manchmal nicht leichtfällt. Da hilft kein Diskutieren oder Drüber-Reden, sonst überfordert man sein Kind. Förderlich können sich dann Hinweise auf den nächsten Handlungsschritt auswirken: »Jetzt legst du dich in dein Bett und dann wird geschlafen.« Am nächsten Tag kann man die Situation noch einmal gemeinsam durchsprechen und Absprachen treffen.

- *Konsequente Konsequenzen:* Verstößt das Kind gegen die Regel, heißt das für uns, die Konsequenzen auch zeitnah und konsequent, ohne Verhandlungsspielraum durchzusetzen. Konsequenzen anzudrohen, ohne sie einzuhalten, wieso sollte sich ein Kind daran halten? Konsequente Reaktionen von uns Eltern signalisieren dem Kind auch Verlässlichkeit, an der es sich orientieren kann. Es erkennt, dass davon eine Wichtigkeit ausgeht.

- *Angemessene und bedachte Konsequenzen:* Die besprochenen Konsequenzen sind dem Entwicklungsstand des Kindes angemessen. Es muss für das Kind machbar sein und die Konsequenzen stehen im Verhältnis zum Regelverstoß. D.h. die Konsequenzen sollten durchführbar und angemessen sein. Wenn ein Kind bockig ist und nicht mehr aufzuhören scheint, macht es wenig Sinn, mit immer noch stärkeren Konsequenzen zu drohen, schon gar nicht, wenn wir etwas ankündigen, an das wir uns nicht halten werden. Das macht uns wenig glaubwürdig. Wir möchten, dass unser Kind etwas aus seinem Fehlverhalten lernt. Deshalb ist es sinnvoll, Konsequenzen zu setzen, die möglichst in engem Zusammenhang mit dem zu lernenden Verhalten stehen und den Sinn der Regel deutlich machen. Wenn beispielsweise ein Kind etwas zerstört, das ein anderes Kind aufgebaut hat, so sieht es, wenn es sich zum einen entschuldigt, die Traurigkeit des Kindes und kann ihm dann zum anderen helfen, es wieder aufzubauen. Dabei erfährt es, dass es Mühe kostet, etwas aufzubauen, und lernt das Tun anderer Menschen wertzuschätzen.

- *Handlungsalternativen besprechen:* Später, z. B. wenn unser Kind sich beruhigt hat oder es ausgeschlafen ist, spricht man die Situation noch einmal mit dem Kind durch. Was waren seine Ziele oder Bedürfnisse in der Situation? Wie hat es sich gefühlt? Dann werden gemeinsam mögliche Handlungsalternativen erarbeitet: Welche anderen Wege oder Lösungen hätte es gegeben? Wo liegen Vorteile/Nachteile? Das Kind lernt sich selbst besser kennen, lernt mit seinen Gefühlen angemessen umzugehen. Außerdem wird ihm bewusst, dass es verschiedene Handlungsalternativen hat, die ihm zur Verfügung stehen. Es lernt, kompetent mit verschiedenen Situationen umzugehen.
  Ein Beispiel: Was tun, wenn sich ein Kind beispielsweise zunehmend aggressiv ausdrückt? Klar, wir könnten es dann bestrafen und es würde sich vielleicht weniger aggressiv verhalten – das ist aber keine Lösung. Problemverhalten ist immer ein deutliches Signal für uns Eltern. Wichtig ist für unser Kind, dass wir die Ursache herausfinden, die hinter einem aggressiven Verhalten steht. Beispielsweise können sich Kinder gegenüber anderen Kindern, die sich verbal gut ausdrücken können, ohnmächtig fühlen und aufgrund dessen versuchen, sich körperlich durchzusetzen. Essenziell in solchen Fällen ist es, unserem Kind zum einen Grenzen zu setzen, damit es versteht, dass aggressives Verhalten keine Lösungsmöglichkeit ist, und ihm zum anderen aber gleichzeitig alter-

native Verhaltensweisen aufzuzeigen und sie gemeinsam mit ihm ausreichend einzuüben, damit es diese auch routiniert einsetzen kann und nicht lange überlegen muss. Auf diese Weise ermöglichen es wir unserem Kind, mit Situationen kompetent umzugehen.

- *Perspektivenwechsel fördern:* Um die Empathiefähigkeit unseres Kindes zu fördern, können wir mit ihm die Sichtweisen der Kinder oder Erwachsenen besprechen, die von seinem Verhalten direkt betroffen waren. Wir ermuntern unser Kind, sich in den anderen hineinzuversetzen, und regen so die Perspektivenübernahme an: Wie waren die Ziele oder Bedürfnisse der Beteiligten in der Situation? Wie haben sie sich gefühlt? Das Kind erkennt auf diese Weise Zusammenhänge zwischen dem eigenen Verhalten und dem Verhalten anderer.

Wir können beobachten, welchen Einfluss die »Verpackung« der Regeln hat. Wenn wir auf diese Weise im Alltag und in Problemsituationen mit unserem Kind umgehen, mit ihm reden und es einbeziehen, trägt dies dazu bei, dass unser Kind Handlungsorientierungen für sein Leben bekommt, die ihm nicht starr »von oben« aufgebrummt werden, sondern auf die es selbst konstruktiv einwirken kann. Eine Erziehung, in der Erwartungen, problematisches Verhalten und die Konsequenzen erklärt und klar kommuniziert werden, Kinder zur Perspektivenübernahme ermuntert werden und sie einbezogen werden, selbst aktiv Ideen zur Problemlösung beizutragen, fördert die Verinnerlichung (= Internalisierung) und Übernahme der elterlichen Regeln und Normen.[25] All dies trägt auch in seiner Regel-Mäßigkeit dazu bei, dass das Kind in der Folge die Regeln internalisiert.

> »Da der autoritative Erziehungsstil mit einer herzlichen, warmen Eltern-Kind-Beziehung einhergeht (›connectedness‹), erhöht sich mit ihm die Wahrscheinlichkeit, dass sich Jugendliche mit ihren Eltern identifizieren und starke emotionale Bindungen zu ihnen aufrechterhalten; dadurch wiederum erhöhen sich Möglichkeiten der Einflussnahme durch Vater oder Mutter.« (Gerd Mietzel)[26]

Wir können also sagen, dass es zum einen das Feedback ist, das das Kind von uns als Eltern über sein Verhalten bekommt, und unsere Sicht und Erfahrung, die wir ihm damit weitergeben, damit es sich selbst ein Bild über sein Verhalten und seine Werte machen kann. Es nimmt die Erfahrung in sich auf und erlebt die Regeln nicht als von außen auferlegt, sondern begreift die dahinterstehenden Werte als eigene Werte, zu denen es sich entschieden hat. Genauso kann das Kind rückmelden, wenn es anderer Meinung ist. Dies kann auch bei uns Denkprozesse über eigene Werte anregen. Zum anderen ist es natürlich auch die elterliche Wärme, die sich unterstützend auswirkt, und die Art der Kommunikation mit unserem Kind.

Auch daraus, wie wir uns unserem Kind gegenüber verhalten, lernt es für sein späteres Leben: Wie wir konstruktiv mit Problemen umgehen, dass wir sie sachlich ruhig, freundlich, aber auch bestimmt, d.h. den eigenen Standpunkt vertretend und andere Standpunkte respektierend, diskutieren können und gemeinsam nach Lösungen suchen.

Was sagt die Forschung zum Thema Grenzsetzung?

Man kann nicht generell sagen, dass sich Kinder mehr an die Regeln halten, wenn man sie dafür lobt. Wichtig scheint dafür nicht das reine Lob an sich, sondern dass Kinder die Wärme und Zuwendung ihrer Eltern spüren (vgl. Kapitel 2.1). Insgesamt wirkt sich das natürlich auch auf die Eltern-Kind-Beziehung aus und dies wiederum führt in der Folge dazu, dass sich Kinder mehr an die Regeln halten. Was heißt das? Positive Rückmeldungen und Zuwendung von den Eltern führen dazu, dass die Kinder mehr erwünschtes Verhalten bzw. weniger unerwünschtes Verhalten zeigen, gleichzeitig reagieren die Eltern auch mit mehr positiven Rückmeldungen und Zuwendung, wenn sich die Kinder positiv verhalten. Das Verhalten wird wechselseitig verstärkt. Es entsteht sozusagen ein positiver Kreislauf, der die Eltern-Kind-Beziehung stärkt.[27]

Kinder halten sich an die Regeln, wenn man sich ihnen gegenüber, sofern die Verhaltensweisen, die sie zeigen, nicht erwünscht sind, klar ausdrückt. Klar ausdrücken können wir uns, indem wir Zurechtweisungen aussprechen und/oder auch negative nonverbale Signale geben und konsequent die Folgen aufzeigen. Negative nonverbale Signale können z. B. strenge Blicke oder gekreuzte Arme sein. Wichtig ist, wie oben aufgezeigt, dabei nicht zu streng, rau oder schroff bzw. nicht in zu strafender Weise aufzutreten, denn dies verringert die Bereitschaft, sich an Regeln zu halten, und wirkt sich belastend auf Kinder aus.[28]

Eine konsequente Erziehung wirkt sich positiv auf die Entwicklung eines Kindes aus. Das Kind bekommt auf diese Weise Regeln, an denen es sich orientieren kann. Dadurch dass sie durch ihre Eltern Normen und Werte vorgelebt bekommen, übt eine konsequente Erziehung einen schützenden Einfluss auf Jugendliche aus und wirkt möglichen ungünstigen Einflüssen, z. B. von Gleichaltrigen, die Drogen konsumieren, entgegen. Eine inkonsequente Erziehung hingegen geht mit Verhaltensproblemen, delinquentem Verhalten, Depression und Ängsten von Jugendlichen einher. Wenn Eltern Anforderungen stellen, die Jugendlichen darauf aber nicht reagieren und die Eltern in der Folge ihre Anforderungen aufgeben, führt eine derartige, inkonsequente Erziehung dazu, dass aggressive oder unerlaubte Verhaltensweisen weiter verstärkt werden.[29]

Körperliche Bestrafungen oder eine »harte Erziehung«, in der Eltern ihren Kinder drohen, brüllen und schreien, trägt dazu bei, dass Jugendliche häufiger Verhaltensprobleme, z. B. Verhaltensstörungen, Depressionen oder ein geringes Selbstwertgefühl, aufweisen.[30]

Strafen, die eben die oben genannten Punkte nicht berücksichtigen, bergen die Gefahr, dass Schuldgefühle oder Aggressionen beim Kind entstehen.

Mit Strafen lernt das Kind zwar, dass es etwas nicht tun soll, es lernt aber dadurch nicht, was es anstelle dessen hätte tun sollen, also welche Alternativen ihm zur Verfügung stehen. Wenn ein Kind bestraft wird, kann es sein, dass es die Situation so schlimm empfindet, dass es mit Angst reagiert und die Situation als solche meidet. Dadurch kann es erst recht nicht lernen, welche anderen Wege es gibt, die Situation zu »meistern«. Als Reaktion auf Strafen verhält es sich überangepasst, überkontrolliert, nur um den Strafen der Eltern zu entgehen. Dies wirkt sich negativ auf sein Selbstwertgefühl aus. Oder das Kind reagiert wütend und wird noch heftiger oder lässt seine Wut auf andere Weise raus. Es kann auch passieren, dass das Kind dann nur lernt, das unerwünschte Verhalten nicht im Beisein der strafenden Eltern zu zeigen.

Strafen, die ohne Regeln, unvorhersehbar und aus heiterem Himmel erfolgen, versteht das Kind nicht, empfindet sie als ungerecht oder entwickelt Ängste und Aggressionen. Es kann strafende Reaktionen auf diese Weise nicht einordnen.

Schuld beim Kind erzeugen auch drohende Aussagen wie: »Wenn du das nicht machst, dann bin ich traurig!« oder »Wenn du das noch einmal tust, dann habe ich dich nicht mehr lieb!« Sie setzen das Kind psychisch unter Druck, greifen sein Selbstbild an und schwächen es.

Grenzen sind für unsere Kinder auf alle Fälle wichtig. Es ist entscheidend, wie wir dabei mit unserem Kind umgehen und es in Regeln einbeziehen. Wenn dies auf eine positive Weise geschieht, kann es die Regeln verinnerlichen und für sein Leben lernen.

4. Unser Denken beeinflusst unsere Sicht der Welt

Julia Biesinger

Dieses vierte Kapitel behandelt die folgenden Themengebiete: Wie entwickeln wir uns eigentlich? Und was beeinflusst uns? Wie lernen wir? Diese Hintergründe sind wichtig, wenn wir unser Kind auf seinem Weg begleiten. Sie helfen uns auch zu verstehen, wie Kinder davon profitieren, wenn wir ihnen Grundvertrauen und Orientierung geben.

4.1 »Ich bin ich!« – Die Einzigartigkeit unseres Kindes und wie es sich entwickelt

Schauen Sie sich Ihr Kind an: Ist es nicht ein Riesenwunder, dass aus einer Zelle so ein komplexes Wesen entstehen kann? Wie die einzelnen Zellen Haut, Haare, Augen, Nase, Mund, Ohren, Arme, Beine bilden können? Und sich jeder Mensch vom anderen durch seine äußere und innere Seite unterscheidet und wir doch auch viele Gemeinsamkeiten aufweisen? Ist es nicht wunderbar, einen neuen Menschen kennenzulernen und zu entdecken, wie er ist?

Wie wunderbar ist es für uns Eltern, unser Kind aufwachsen zu sehen, und wie spannend ist es zu sehen, wie es sich entwickelt, wie es die Welt für sich entdeckt. Woher kommt diese Einzigartigkeit?

»Anlage« und »Umwelt«

Einiges bringen unsere Kinder schon mit: Sie werden mit bestimmten biologischen Merkmalen, einer gewissen genetischen Veranlagung geboren. Daher spricht man auch von der *Anlage*, die sie haben.

Bis unsere Kinder groß sind und auch in ihrem weiteren Leben werden sie dabei ständig mit Einflüssen aus der *Umwelt* konfrontiert. Sie entdecken die Welt und machen dabei Erfahrungen.

Im Prinzip wirkt jeder Kontakt mit der Umwelt auf uns. Er macht etwas mit uns. Jeder Moment prägt uns in unserem Sein und wir prägen ihn mit. Denn auch wir wirken auf unsere Umwelt ein, auf die Situation, auf andere Personen.

Durch das gemeinsame Zusammenwirken von Anlage und Umwelt entwickelt sich die einzigartige Persönlichkeit unseres Kindes mit ihren Eigenschaften, Fähigkeiten und Einstellungen. Dies geschieht dynamisch, d. h. unser Kind – wie auch wir – entwickelt sich ständig weiter.

Beispielsweise wird ein Kind mit bestimmten geistigen Fähigkeiten geboren. Diese werden sich mehr ausbilden, wenn sich das Kind in einer anregenden Umgebung befindet, die es dazu animiert, sich mit seiner Welt aktiv auseinanderzusetzen. Hat das Kind in dieser Hinsicht wenige Anreize, so werden diese Fähigkeiten nicht genutzt und können im Extremfall sogar verkümmern.

Unser Kind selbst wirkt auch mit auf seine eigene Entwicklung ein. Zum einen dadurch, dass es natürlich mit seiner Person, seinem Temperament und seinem Verhalten auf sein Umfeld und auf uns einwirkt. Zum anderen dadurch, dass es sich aktiv seine Umwelt aussucht. Hat ein Kind z. B. Interesse am Konstruieren, wird es sich vor allem damit beschäftigen, wie es Dinge zusammensetzen, zusammenbauen und verbinden kann, während ein Kind, das sportliche Interessen hat, sich gleich einen Ball schnappt, herumklettert und herumrennt. Auf jeden Fall tut es unsern Kinder gut, wenn sie den Raum dafür haben, sich auszuprobieren, sich zu erproben und neue Möglichkeiten zu entdecken.

Hätten aber zwei Kinder die genau gleiche Persönlichkeit, wenn sie genetisch die gleiche Erbsubstanz hätten und exakt genau dieselben Umwelterfahrungen machen würden? Dies wäre nur der Fall, wenn die beiden Kinder ihre Erfahrungen mit der Umwelt immer genau gleich interpretieren würden, sie also mit den gleichen Gefühlen und Gedanken durchleben und bewerten würden. Häufig ist es so, dass Erfahrungen, die Kinder mit ihrer Umwelt machen, unterschiedlich auf die jeweiligen Kinder wirken. D.h. zwei Kinder können ein und dieselbe Erfahrung machen, aber jedes Kind fasst dieselbe Situation anders auf.

Beispiel: Eine Kindergartengruppe will einen Ausflug in eine Bäckerei machen. Elli freut sich darauf – sie ist gespannt, was sie alles erleben wird. Susi jedoch ist ängstlich, weil sie nicht so richtig weiß, was auf sie zukommt. Als sie dort ankommen, schaut sich Elli alles neugierig an. Susi hingegen hängt an der Kindergärtnerin und erschrickt furchtbar, als eine Maschine ein lautes Geräusch macht. Elli findet das Geräusch lustig – sie ist beeindruckt.

D.h. die Persönlichkeit des Kindes selbst nimmt auch auf diesem Weg Einfluss auf die eigene Entwicklung. Das Kind lernt, nimmt wahr, wird geprägt, reift und entwickelt sich.

Jedes Kind entwickelt sich durch seine Anlage, seine Umwelterfahrungen und dadurch, dass es sich selbst aktiv in seinem Erleben und Verhalten mit der Umwelt auseinandersetzt, anders.[1] Die Entwicklungsverläufe unserer Kinder sind also ganz unterschiedlich und individuell.

Unsere Wahrnehmung ist durch unsere Person beeinflusst

Wenn wir die Welt wahrnehmen, dann tun wir das nicht objektiv und wertungsfrei. Wir machen uns ein bestimmtes Bild von der Welt: *unser* Bild von ihr (siehe Kapitel 4.3). In dieses Bild gehen unsere Emotionen mit ein, die Gedanken, die wir uns dazu gemacht haben, und unsere früheren Erfahrungen, unsere Einstellungen und Erwartungen, die Bedeutung, die die aktuelle Situation für uns hat. Dies alles prägt auch unseren Blickwinkel in diesem Moment. Wir nehmen bestimmte Dinge wahr, während wir andere gar nicht beachten – bewusst, weil sie uns z. B. nicht wichtig erscheinen, oder unbewusst, weil wir sie nicht mitbekommen, weil wir z. B. in Gedanken oder abgelenkt sind.

Wir geben dieses Bild auch an andere weiter, indem es sich beispielsweise in unseren Meinungen, die wir äußern, in unserem Handeln oder in unseren Gefühlen widerspiegelt. So macht jeder Kontakt mit der Umwelt, jeder Kontakt mit anderen Personen, aber auch jedes Erleben der eigenen Person etwas mit uns. Wenn Sie dieses Buch lesen, wird das mit Ihnen etwas machen. Sie werden vermutlich manche Passagen schneller durchlesen, weil Sie sich mit den Themen schon beschäftigt haben, und werden andere Passagen ganz intensiv lesen, weil sie für Sie neu und interessant sind. Sie werden von diesem Buch das behalten, was Ihnen hilfreich erscheint, Dinge, die Ihnen wichtig sind. So haben auch wir, mein Schwiegervater und ich, gerade die Themen, die uns in dieser Zeit besonders wichtig oder hilfreich erscheinen, hier in diesem Buch aufgenommen.

Wir Menschen können uns nicht nicht beeinflussen, wir beeinflussen uns unweigerlich, vor allem wenn wir mit jemand viel Zeit verbringen. Das, was man gut findet, übernimmt man, das, was man als negativ empfindet, davon distanziert man sich oder vermeidet es – bewusst oder unbewusst.

Unser Kind beobachtet und lernt

Nicht nur durch unsere Aufmerksamkeit, unsere Zuwendung, unsere positiven oder negativen Reaktionen verstärken bzw. reduzieren wir das Auftreten bestimmter Verhaltensweisen unseres Kindes. Vieles lernt unser Kind dadurch, dass es uns als Eltern, seine Geschwister oder andere Personen beobachtet.

Ein Beispiel: Eines unserer Kinder wollte damals, als es drei Jahre alt war, Radio hören und wollte dazu den Radiostecker gern selbst einstecken. Ich ließ es es versuchen, ging aber davon aus, dass es sowieso nicht klappen würde, da sich ein Kindersteckdosenschutz zum Drehen darin befand. Doch »schwups!« – unser Kind machte die erforderliche Drehung und steckte den Stecker ganz einfach erfolgreich in die Steckdose. Es *wusste* ganz genau, wie es ging, obwohl es das nie zuvor ausprobiert hatte … Ich war ehrlich gesagt ganz schön entsetzt, als ich das sah!

Was sagt die Forschung zum Beobachtungslernen?

Dies ist das sogenannte Modell- oder Beobachtungslernen, die sozialkognitive Lerntheorie, die auf den kanadischen Psychologen Albert Bandura[2] zurückgeht, bei dem wir durch Beobachtung und Nachahmung lernen. Wir Menschen beobachten das Verhalten anderer Personen sowie die darauffolgenden Konsequenzen. Das muss uns nicht bewusst sein, sondern kann auch unbewusst geschehen.

Wenn ein Kind auf diese Weise lernt, eignet es sich zunächst Wissen über die Verhaltensweisen an, indem es sie aufmerksam beobachtet und das Gesehene in seinem Gedächtnis speichert. Das Kind erinnert sich und ahmt die beobachteten Verhaltensweisen nach, soweit es dazu in der Lage ist. Ist es erfolgreich, wird das Verhalten verstärkt und das Kind ist motiviert, das Verhalten erneut zu zeigen. Geglücktes Verhalten ist sozusagen selbstverstärkend.

Auf diese Weise werden neue Verhaltensweisen gelernt oder bestehende Verhaltensweisen geändert. Ein Kind wird Verhaltensweisen lernen, wenn es diese als sinnvoll bewertet und es davon ausgeht, dass das Verhalten für es wichtige, positive Konsequenzen nach sich zieht. Für das Lernen spielt aber auch eine Rolle, ob sich das Kind mit der betreffenden Person, also dem Modell, identifiziert und sich die Kompetenz, das Verhalten auszuführen, zutraut. Z. B. identifizieren wir uns eher mit Personen, die uns sympathisch sind und zu denen wir ein positives emotionales Verhältnis haben.

Unsere Verantwortlichkeit als Eltern

Und so beeinflussen und prägen auch Sie als Eltern Ihre Kinder durch Ihre Bilder, durch Ihr Verhalten, Ihr Tun, Ihre Einstellungen und Werte. Es ist förderlich, wenn wir uns dessen bewusst sind. Wenn wir beispielsweise negativ über die Schule sprechen: »Das ist ja viel zu schwer – die verlangen viel zu viel von euch!«, so überträgt sich das auf unser Kind und es verschließt sich womöglich vor den Aufgaben, die auf es zukommen, und gibt schon von vornherein auf, wodurch die Situation für es selbst immer schwieriger wird. Wenn wir hingegen positiv mit unserem Kind reden: »Das wirst du schon schaffen!«, dann lässt es sich darauf ein, geht auf die Aufgaben zu, beißt sich durch und macht viele Schritte, die es einfach vorwärtsbringt. Es lernt hinzu und gewinnt weitere Kompetenzen.

Wir sind für unsere Kinder verantwortlich. Wir sorgen für sie, fördern sie, setzen ihnen Grenzen, versuchen ihre Bedürfnisse in angemessenem Maße zu berücksichtigen. Wir tun, was *wir* denken, was gut für sie ist. Dies bleibt immer in diesem subjektiven Rahmen, davon können wir uns nicht befreien. Und das ist auch gut so, evolutionär ist es genauso angelegt. Wir würden uns selbst vor lauter Sorge handlungsunfähig machen, wenn wir uns bei jeder Entscheidung, bei jedem Tun immer hinterfragen würden, ob das nun so o.k. ist. Wir würden auch unser Kind belasten und überfordern, wenn es alles selbst entscheiden müsste. Wir können uns aber dieser Beeinflussung bewusst sein und können uns selbst kritisch, aber in einem gesunden Maß beäugen. Wir als Eltern unterscheiden uns darin, wie wir mit unseren Kindern umgehen und sie erziehen, je nachdem, welche Werte, welche Dinge uns wichtig sind im Leben, je nachdem, welches Bild von der Welt wir haben, und natürlich auch je nachdem, welche Möglichkeiten wir haben.

Wir sind als Eltern nicht perfekt, wir sind auch nur Menschen und wir reagieren auch mal ungünstig, wenn uns z. B. die Sorge um unser Kind übermannt. Doch dieses Wissen hilft uns, das zu erkennen und uns Gedanken zu machen, wie wir solche Situationen in Zukunft anders lösen können.

Wir beeinflussen und prägen unser Kind, indem wir es lenken und ihm Dinge vorleben, aber wir bereiten es auch immer mehr darauf vor, selbständig zu werden, indem wir sein Lernen unterstützen, motivieren und fördern. Auf diese Weise haben wir als Eltern die starke Möglichkeit, das Leben unseres Kindes zu bereichern. Wir können ihm ganz viel mitgeben für sein Leben – auf der emotionalen, gedanklichen und Verhaltensebene.

»Autoritative Eltern sind vielfach bereit, selbständige Meinungsäußerungen ihrer Kinder zu tolerieren, sie geben ihnen die Freiheit zu widersprechen und ermöglichen damit ein gewisses Sich-Absetzen (›separateness‹) von den bisherigen Autoritätspersonen. Dies findet aber vor dem Hintergrund einer sozial-emotionalen Verbundenheit (›connectedness‹) statt, die dem Jugendlichen Sicherheit gibt.« (Gerd Mietzel)[3]

4.2 »Ich bin neugierig!« – Wie wir lernen

Jede Information beeinflusst uns

Ständig strömen Reize bzw. Informationen auf uns ein. Wir nehmen sie mit unseren Sinnesorganen auf: mit den Augen, mit den Ohren, mit der Nase, mit unserer Zunge, auch mit unserer Haut. Diese Reize werden über die Nervenbahnen an unser Gehirn weitergeleitet: Wir sehen, hören, riechen, schmecken oder fühlen / tasten etwas. Diese Sinne und weitere Sinne – wie etwa unser Gleichgewichtssinn oder die Wahrnehmung von Temperatur und Schmerz – ermöglichen es uns, uns in unserer Umwelt zu orientieren und zurechtzufinden.

Wir neigen dazu, Kinder mit Wissen zu befüllen. Aber es ist wichtig, dass Kinder die Welt mit all ihren Sinnen auch selbst erfahren können, denn für »Kinder stellt die sinnliche Wahrnehmung den Zugang zur Welt dar. Sie ist die Wurzel jeder Erfahrung, durch die sie die Welt jeweils für sich wieder neu aufbauen und verstehen können« (Renate Zimmer).[4]

Kinder erschließen sich die Welt über ihre Sinne. Deshalb ist es wichtig, dass wir die verschiedenen Sinne ansprechen. In der heutigen, medialen Welt werden vor allem der Seh- und Hörsinn angesprochen. Doch nicht nur etwas zu sehen oder zu hören, sondern auch Dinge anzufassen, sie zu fühlen, sie zu riechen und zu schmecken und uns selbst in dieser Welt zu bewegen, zu balancieren, zu hüpfen sind dabei wichtig.[5] Essenziell ist es für Kinder, ausreichend Zeit zu haben, diesen Reizen intensiv nachzufühlen, sich mit ihnen auseinanderzusetzen und sie zu verarbeiten. Sie erfahren die Welt auf diese Weise sehr direkt und bauen sich ein konkretes, immer detaillierteres Bild von der Welt, seinen Dingen und Vorgängen, von anderen Personen und der eigenen Person auf. Sie lernen, wie Vorgänge miteinander zusammenhängen oder welche Folgen bestimmte Handlungen haben.

Wie verarbeiten wir unsere Wahrnehmungen und speichern Informationen?

Nicht alle Informationen aus dem Umfeld, in dem wir uns gerade bewegen, erreichen uns bewusst – dies ist erst dann der Fall, wenn wir unsere Aufmerksamkeit auf sie lenken. Dann nehmen wir sie mit unseren Sinnen wahr.

Dadurch, dass uns »gehirntechnisch« bedingt nur eine bestimmte Verarbeitungskapazität zur Verfügung steht, verarbeiten wir nur einen Teil der Informationen bewusst. Die aufgenommenen Informationen aus unserer Umwelt werden über Nervenbahnen an unser Gehirn geleitet und dort verarbeitet.

Informationen werden durch unsere Sinnesorgane aufgenommen und von Nervenzelle zu Nervenzelle weitergegeben. Die Art und Stärke des Kontakts zwischen den Nervenzellen kann sich verändern und anpassen. Werden Nervenbahnen aktiviert, werden die Kontakte zwischen den Nervenzellen, die sogenannten Synapsen, gefestigt. Werden Verbindungen hingegen nicht genutzt, werden die Kontakte schwächer. Durch die Erfahrungen, die wir machen, können also neue Verbindungen entstehen, ältere Verbindungen können sich verändern, stärker oder schwächer werden. Ein Aktivitätsmuster entsteht, wenn die verschiedenen Nervenzellen gleichzeitig aktiviert werden. Für die Speicherung und das Abrufen von Informationen scheint die gleichzeitige Aktivierung dieser Nervenverbände über das Gehirn hinweg essenziell. Erfahrungen, die wir machen, hinterlassen auf diese Weise Spuren im Gehirn. Je nach Bedeutsamkeit erfolgt eine tiefergehende Verarbeitung der Information. Je intensiver wir uns mit etwas beschäftigen – z.B. Dinge wiederholen oder üben – oder je bedeutsamer, je emotionaler eine Information oder ein Ereignis für uns ist, desto stärker wird die Verbindung zwischen den jeweiligen Nervenzellen.[6]

Damit ist gemeint, dass sich unser Gehirn je nach der Verwendung seiner Nervenzellen verändert. Diese lebenslange Plastizität unseres Gehirns, die *Neuroplastizität*, ermöglicht es uns, uns weiterzuentwickeln und neu anzupassen.

Was sagt die Forschung zu Neuroplastizität?

Eine erste bekannte Studie dazu stammt von der Neurowissenschaftlerin Eleanor A. Maguire und ihren Kollegen. Sie fanden heraus, dass sich die Gehirne von Taxifahrern und Nicht-Taxifahrern unterscheiden. Und zwar war bei den Taxifahrern die Region des Gehirns vergrößert, die für die räumliche Erfassung der Umwelt zuständig ist. Je länger sie schon Taxi fuhren, desto größer war die entsprechende Hirnregion. Ihr Gehirn hatte sich in Abhängigkeit der Anforderungen der Umwelt angepasst.[7]

Eine zweite bekannte Studie ist von dem Hirnforscher Alvaro Pascual-Leone und seinen Kollegen. Sie untersuchten, wie sich beim Lernen von feinmotorischen Aktivitäten unser Gehirn verändert. Dazu ließen sie die Teilnehmer der Studie für fünf Tage ein einhändiges Fünf-Finger-Klavierstück jeweils zwei Stunden üben. Sie fanden dabei deutliche Veränderungen in den entsprechenden motorischen Gehirnregionen der Teilnehmer, die für die Steuerung der Fingerbewegungen zuständig sind. Derartige Veränderungen, die auf die wiederholte Übung zurückzuführen sind, fanden sie sogar auch bei Teilnehmern der Studie, die sich die entsprechenden Klavierübungen nur mental vorgestellt hatten, während sie vor dem Klavier saßen. D. h. auch die geistige Übung des Klavierspielens durch das alleinige Vorstellen der Fingerbewegungen und der Töne, ohne dabei die Finger wirklich zu bewegen oder die Tasten zu berühren, führte zu Gehirnveränderungen.[8]

Eine neuere Untersuchung stammt von der Psychologin Betsy Sparrow, die zusammen mit ihren Kollegen untersuchte, welche Auswirkungen Google auf unser Gedächtnis hat. Sie fanden heraus, dass die Nutzung des Internets und der Online-Gebrauch von Suchmaschinen wie Google unser Denken verändert. Teilnehmer der Studie erinnerten sich weniger an Details von Informationen, sondern mehr daran, *wo* sie die Informationen finden würden. Sparrow und ihre Kollegen sehen den Grund in der Erwartung, dass die benötigten Informationen im Internet kontinuierlich verfügbar sind und wir als Mensch in der Folge – anstatt die Details der Informationen abzuspeichern – adaptiv den Computer und die Online-Suchmaschinen als ein »externales Gedächtnissystem« nutzen.[9]

Auch die Effektivität von Psychotherapien lässt sich auf Grundlage der Neuroplastizität erklären. Auch sie bewirken Veränderungen in bestimmten Gehirnregionen.[10]

Unser Gehirn ist lebenslang in der Lage, sich an eine veränderte Umwelt anzupassen. Es kann sich erneuern und umorganisieren, je nachdem, wie wir es benutzen.

Die flexiblen Vernetzungen in unserem Gehirn erklären, wie wir immer mehr Wissen in Themen ansammeln, die uns am Herzen liegen, die uns Spaß machen, und wie sich die Informationen vernetzen, wenn wir uns verstärkt mit ihnen beschäftigen und Zusammenhänge erkennen. Wir werden geübter, wenn wir trainieren.

Darin liegt auch begründet, wie neue, wiederkehrende Erfahrungen uns in unserer Person verändern können und wie auch wir mit Hilfe von neuen Denkweisen unsere Gefühle und unser Verhalten verändern können.[11]

Ich denke, jetzt wird auch klarer, wieso z. B. die Haltung anderer oder unsere eigene Haltung uns gegenüber – z. B. »Ich bin schüchtern!« – Spuren in unserem Gehirn hinterlassen, wenn wir dabei immer wieder ähnliche Erfahrungen machen, auch wenn uns das zum Teil nicht einmal bewusst ist.

Die verschiedenen Informationen bzw. Gedächtnisinhalte liegen in unserem Gehirn nicht etwa wie in einem Schrank oder einem Tresor, sondern sie erneuern sich immer wieder. Jede Erinnerung rufen wir uns in einer neuen Situation ins Gedächtnis und bei jedem Abruf wird sie dann neu eingespeichert.[12] Neue, wichtige Aspekte z. B. können auf diese Weise mit abgespeichert werden. Dies erklärt auch, wie alte Erinnerungen plötzlich in einem neuen Licht erscheinen oder wie sich die Welt für uns verändert, wenn wir plötzlich Zusammenhänge erkennen oder wir Dinge neu interpretieren. Während wir Erfahrungen machen, geschieht nicht passiv etwas mit uns, sondern wir können aktiv auch auf diese Weise unser Leben gestalten und beeinflussen.

So fühlen wir uns auch besser, wenn wir vor allem gute Erfahrungen abrufen und die Welt positiv sehen.

Unser persönlicher Umgang mit den Informationen aus der Umwelt

Den Informationen, die wir aus unserer Umwelt aufnehmen, messen wir eine bestimmte Bedeutung zu. Wir verarbeiten sie in Abhängigkeit der bisherigen Erfahrungen und dem Wissen, das wir haben.

Infolge dieser Verarbeitung entsteht ein bestimmtes Gefühl in uns und wir reagieren auf die Information auf Grundlage unserer Bewertung dieser Informationen. Dass wir unsere Aufmerksamkeit auf Informationen lenken, sie dadurch wahrnehmen, sie bewerten und auf sie in der Folge auf eine ganz bestimmte Weise reagieren, diese Schritte durchlaufen wir oft unbewusst.

> »Für unser unmittelbares Erleben und Verhalten wesentlich bestimmender ist das in jeder gegenwärtigen Erfahrung mitschwingende *implizite Gedächtnis.* Es durchdringt unser gesamtes Erleben von Welt, ist jedoch dem Alltagsbewusstsein so wenig zugänglich wie das Wasser für den Fisch. Dieses implizite Gedächtnis ist viel umfänglicher als das explizite Gedächtnis; es stellt gleichzeitig das *Substrat der in jeder gegenwärtigen Erfahrung mit enthaltenen nicht bewussten Vergangenheit* dar und beinhaltet dennoch Modelle von Wirklichkeit.« (Christian Gottwald)[13]

Es ist ein ganz persönlicher Umgang mit den jeweiligen Informationen. Jeder Mensch nimmt anders wahr, interpretiert anders und reagiert anders. Es gibt nicht *die* Wirklichkeit, denn jeder erlebt sie anders. Das fällt uns z. B. besonders auf, wenn wir uns mit Leuten über bestimmte Situationen unterhalten. Beide waren in den betreffenden Situationen anwesend, doch jeder hat andere Erinnerungen daran oder hat sie anders aufgefasst und bewertet, ist anders mit ihnen umgegangen. Dieselbe Situation kann Menschen ganz unterschiedlich beeinflussen.

Wenn wir Menschen beobachten, wie sie auf Dinge reagieren, dann gibt uns dies manchmal Rätsel auf, wenn sie sich anders verhalten, als wir das erwartet hätten. Dies hängt damit zusammen, dass wir als Mensch nicht nur auf äußere Gegebenheiten reagieren, sondern auch als Person mit unseren inneren Vorstellungen von der Welt und unseren Motivationen, die anderen eben oft verborgen bleiben. Frühere Erfahrungen, die wir irgendwann im Laufe unseres Lebens gemacht haben, prägen spätere Erfahrungen, indem wir sie anders wahrnehmen und anders bewerten, als wir das vielleicht ohne die früheren Erfahrungen gemacht hätten.

Beispiel: Jemand, der einmal schlechte Erfahrungen mit etwas gemacht hat, wird ähnliche Situationen oder Objekte kritischer wahrnehmen, mit ihnen vorsichtiger umgehen oder sie sogar meiden, als wenn er nur positive Erfahrungen mit diesen Situationen oder Objekten gemacht hätte.

Deshalb ist es auch gut, wenn wir sensibel und einfühlsam mit anderen Menschen und mit unseren Kindern umgehen. Oft wissen wir nicht, was genau hinter einer Verhaltensweise steht. Und genau das ist wichtig, um sie besser verstehen zu können und ein gemeinsames Miteinander zu fördern. Wenn wir die Gründe kennen, ist es viel einfacher, auf sie einzugehen.

4.3 »Ah – so ist das!« – Wir machen uns ein Bild von der Welt

Die Welt – so wie wir sie gerade sehen – ist eine momentane Bestandsaufnahme. Und während wir darüber nachdenken, hat sie sich schon wieder verändert …

Realistische Bilder: Wie die Welt funktioniert

Wenn wir etwas wahrnehmen und uns mit etwas beschäftigen, etwas ansehen, anfassen, herausfinden, wie etwas funktioniert, machen wir uns innerlich ein gedankliches Bild davon, eine sogenannte *mentale Repräsentation.** Unser Wissen, unsere Vorstellung über bestimmte Personen, Objekte, Situationen, Ereignisse oder Handlungen ist in ihnen enthalten.

Wie kommt es zu diesen Repräsentationen? Wenn wir Objekte, Personen, Situationen oder Vorgänge wahrnehmen und erleben oder uns gezielt mit ihnen beschäftigen, sammeln wir unweigerlich Informationen über diese Dinge, wir fühlen bestimmte Emotionen und machen uns Gedanken. Wir erschließen uns auf diese Weise Wissen über Begriffe, über Materialien, Aussehen, Funktionen etc. Wir bilden Kategorien und setzen Dinge in Beziehung zueinander. Wir strukturieren und organisieren unsere Welt, indem wir quasi ein vereinfachtes Abbild (so wie wir sie verstehen) erstellen. Für uns wichtige und relevante Informationen sind darin enthalten.

Beispielsweise wissen wir als Erwachsene, was Tiere sind und welche davon Katzen, Hunde, Käfer oder Spinnen sind. Wir kennen die Begriffe und Merkmale und erkennen Gemeinsamkeiten und Unterschiede, die sich ein kleines Kind erst erschließt. Oder: Wenn unsere Kinder auf die Welt kommen, machen sie sich ein Bild von uns als Mama oder Papa. Sie lernen, wie wir aussehen, wie wir riechen und uns anfühlen oder unsere Stimmen zuzuordnen. Sie lernen auch, wie sie durch ihr Verhalten unser Verhalten beeinflussen können: »Wenn ich laut schreie, bekomme ich was zu essen!« Ihr Modell von uns wird immer genauer.

Dabei ist es unerheblich, ob es sich um konkrete Objekte oder um abstrakte Begriffe oder Zusammenhänge handelt.

---

* Geht es dabei um begriffliche Wissensrepräsentationen, wird der Begriff *Schema* verwendet. Komplexere, umfassendere Wissensstrukturen bezeichnet man als *mentales Modell* (vgl. Steiner, 2001, S. 166; Johnson-Laird, 1983).

Was ist für Sie Liebe? Was bedeutet Vertrauen für Sie? Welche Assoziationen kommen Ihnen, wenn Sie an Ihr Kind denken?

Jeder hat sein eigenes, individuelles Bild davon, das von den Erfahrungen in seinem Leben mitgeprägt ist. Wenn unsere Kinder eine sichere Bindung erfahren und daher ein großes Vertrauen haben, beinhaltet ihr mentales Modell, ihr sogenanntes Arbeitsmodell, »die Erwartung, dass wichtige Bezugspersonen zuverlässig und wohlwollend sind«.[14] Dieses Vertrauensschema bleibt stabil, wenn es weitere positive Erfahrungen sammelt. Es findet ein Vergleich zwischen den neuen und früheren Erfahrungen statt. Die gesammelten Erfahrungen werden »für die Interpretation der neuen Person benutzt«.[15] Repräsentationen können sich aber auch verändern. »Die ursprünglichen Repräsentationen werden schrittweise verändert, wenn neue Beziehungspersonen hinzukommen«.[16]

Was sagt die Forschung zu mentalen Repräsentationen von Bindung?

Es wird davon ausgegangen, dass wir bezüglich unserer mentalen Repräsentation von Bindung sowohl ein globales Arbeitsmodell sowie Arbeitsmodelle haben, die für die jeweiligen Beziehungen spezifisch sind. So kann jemand zwar eine unsichere Bindung zu den Eltern haben, gleichzeitig ist es möglich, dass er eine tiefe Bindung zu seinem Partner oder zu Freunden aufbaut.

Unser globales Modell von Bindung wird dann aktiviert und angewendet, wenn es Überlappungen zu den Erfahrungen mit der neuen Beziehung gibt. Dies erklärt, wie die frühen, gespeicherten Bindungsmuster reaktiviert werden können und wieso bestehende Repräsentationen von Bindung zukünftige Erfahrungen mitformen.[17]

Egal ob es sich nun um eine mentale Repräsentation von Bindung oder von einem Auto handelt – bei Repräsentationen werden die immer wieder neugewonnenen Informationen mit den einzelnen Fakten, die wir bereits kennen, in Zusammenhang gebracht, sodass unsere jeweiligen mentalen Repräsentationen an Details gewinnen, angepasst werden oder gegebenenfalls auch verändert werden müssen, wenn neue Informationen nicht dazu passen und wir neue Erkenntnisse gewinnen. Wir erkennen Zusammenhänge und ziehen Rückschlüsse. Mentale Modelle geben darüber Aufschluss, wie wir etwas verstehen. Sie spiegeln unser Verständnis.

Wenn wir uns z. B. mit neuen Gerätschaften befassen, müssen wir uns zunächst mit deren Funktionsweise vertraut machen. Nicht immer funktioniert das auf Anhieb und manchmal stellen wir dann fest: »Aha, auf diese Weise funktioniert es! Deswegen hat es vorher nicht funktioniert!« So ist auch ein mentales Modell eines Experten genauer und differenzierter als das eines Laien.

Grundsätzlich erleichtern uns diese Modelle unser Leben. Dieses Wissen ermöglicht es uns, kompetent mit uns und der Umwelt umzugehen und uns darin zurechtzufinden, also dieses Wissen konkret anzuwenden und flexibel zu reagieren. Es hilft uns, Dinge zu bewerten, einzuschätzen, uns zu entscheiden oder Probleme zu lösen. Und mentale Repräsentationen sind handlungsleitend insofern, als wir auf ihrer Grundlage unser Verhalten planen und steuern. Z. B. kann jemand, der ein mentales Modell darüber hat, wie ein Computer funktioniert, einen Computer schneller und einfacher bedienen als jemand, der sich zum ersten Mal an einen Computer setzt. Der erfahrene Computernutzer kann seine Handlungen vorausschauend planen und gezielt ausführen.

Mentale Repräsentationen beeinflussen uns in unserem Denken, unseren Gefühlen und unserem Verhalten. Wie unsere mentalen Repräsentationen mit unseren Einstellungen und unserem Verhalten zusammenhängen, zeigt exemplarisch die folgende Studie.

Was sagt die Forschung zu mentalen Repräsentationen und ihren Auswirkungen auf Verhalten?

In einer Studie wurden die mentalen Modelle von Studierenden untersucht, die sie von der Umwelt haben, und wie diese mit ihrer Einstellung und ihrem Verhalten der Umwelt gegenüber zusammenhängen. Dabei stellte sich heraus, dass Studierende, die ein ganzheitlicheres mentales Modell von ihrer Umwelt haben und die verschiedenen Prozesse und systemischen Beziehungen im Blick haben, eine größere emotionale Verbindung zur Umwelt zeigen und sich mehr für die Umwelt einsetzen.[18]

Unser Bild hat Auswirkungen

Wenn wir uns ein Bild oder ein Modell von etwas machen, dann sind diese mentalen Repräsentationen individuell gefärbt. Sie hängen von unseren eigenen, oftmals von Person zu Person teils sehr unterschiedlichen Erfahrungen ab, die wir mit diesen Dingen oder Situationen gemacht haben, was wir dabei gefühlt haben und wie wir sie bewertet haben.

Viele dieser Vorgänge nehmen wir nicht bewusst wahr. Wir sind uns nicht bewusst, dass wir unsere Bilder konstruieren und dass unsere persönlichen Erfahrungen, unsere Überzeugungen, Einstellungen, unsere Gefühle und Bewertungen diese Bilder färben. Wir gehen selbstverständlich davon aus, alles sei objektiv so, wie wir es wahrnehmen. Wir verlassen uns auf unsere mentalen Repräsentationen und das ist auch gut so, weil sie uns Orientierung im Leben geben. Sie strukturieren und organisieren unser Wissen, helfen uns Reize aus der Umwelt effizient zu verarbeiten und ermöglichen uns so ein schnelles Abrufen von Wissen. Dies hilft uns z. B. auch, mögliche Gefahren schnell einschätzen zu können.

Solange die Gegebenheiten in der Umwelt und das Ergebnis unserer Handlungen unseren mentalen Modellen entsprechen, haben wir keinen Anlass, sie zu hinterfragen oder sie zu ändern.

Manchmal kann es aber destruktive Folgen haben, wenn wir starr an unseren Vorstellungen, an unserer Sicht der Dinge festhalten. Wenn wir eine bestimmte Sichtweise haben, nehmen wir auch bevorzugt die Informationen wahr, die in dieses Bild passen, während wir Informationen, die diesem Bild widersprechen, ausblenden. Unsere Bilder beeinflussen uns in unserer Wahrnehmung, unserer Bewertung, unseren Erwartungen, sie lenken unsere Aufmerksamkeit. So sind wir z. B. auch sehr voreingenommen, wenn wir bestimmte Stereotype, Klischees oder Vorurteile haben, und verschließen uns gewissermaßen auf diese Weise für andersartige Erfahrungen.

Ich denke, deshalb ist es so wichtig, dass wir uns offenhalten. Gerade in dieser Zeit, wo der respektvolle Umgang miteinander so wichtig ist. Wir leben mit Menschen aus anderen Ländern, anderen Kulturen, mit anderem Glauben zusammen. Gegenseitiges Interesse, Toleranz und gemeinsame Kommunikation sind da besonders wichtig. Unsere Kinder sollen in dieser Welt gemeinsam friedvoll leben können.

Mir liegt dieses Thema am Herzen, weil ich schon oft die Erfahrung gemacht habe, wie sich Menschen verändern, wenn wir offen und vorbehaltlos auf sie zugehen, egal, wie sie aussehen, woher sie kommen, wie alt sie sind, welche Religion sie haben, was sie arbeiten, was sie können oder

nicht können … Wieso sollte ich einer Putzfrau anders entgegentreten als einem Professor? Einer Krankenschwester anders als einem Oberarzt? Einer Frau in Burka anders als einem katholischen Pfarrer? Einem Afrikaner anders als einem Amerikaner, Asiaten, Australier oder Europäer? Oder einer Obdachlosen mit fehlenden Zähnen, einem älteren dementen Herrn, einer aufgetakelten Dame, einem gepiercten und tätowierten Mann in Lederoutfit, einer übergewichtigen 80-Jährigen, die schon so viel in ihrem Leben durchgemacht hat, einem Jugendlichen mit Sonnenbrille und lockerem Spruch oder einem Kind? Oder, oder, oder. Klar, wirken diese Menschen unterschiedlich auf uns und wir versuchen, uns ein Bild zu machen, um uns orientieren zu können. Oft wünsche ich mir aber, wir alle könnten diese Äußerlichkeiten und Oberflächlichkeiten ausblenden und nur die wirkliche Person hinter alldem wahrnehmen. Sie alle haben denselben Respekt verdient!

Ich denke, auch das ist etwas, das wir unseren Kindern mitgeben können: Dass es wichtig ist, dass sie sich ein differenziertes Bild über Themen machen, dass sie sich informieren, dass sie sich mit Themen auseinandersetzen und sich mit ihnen beschäftigen – unabhängig von den Meinungen anderer –, dass sie Dinge auch mal von einer anderen Seite aus betrachten, dass sie sich ihr ganz eigenes, genaues Bild machen. Denn ich finde, wer sich kein genaues Bild über etwas macht, kann keine angemessenen Bewertungen darüber abgeben. Und wer sich selbst kein Bild macht, kann nicht urteilen.

Ein einfaches Beispiel aus Kindermund: »Nele hat gesagt, dass Tobi mich doof findet. Jetzt finde ich den voll blöd!« Solche Situationen veranschaulichen, wie wichtig es ist, sich sein eigenes Bild zu machen. Wir können unseren Kindern mit auf den Weg geben, sich eigenständig Informationen zu besorgen und den direkten Kontakt zu suchen. So können wir Missverständnisse vermeiden oder Lösungen für Probleme finden.

Wir können uns offenhalten für neue Erfahrungen, offenhalten für andere Meinungen und Sichtweisen, offenhalten für die Kritik anderer. Wir können kritisch über unsere Erfahrungen nachdenken und schauen, wo für uns darin die bzw. unsere Wirklichkeit liegt. Dies gibt uns die Chance, ein ganzheitlicheres Bild von der Welt und von uns zu bekommen. Auf diese Weise erhalten wir die Möglichkeit, uns weiterzuentwickeln und uns die Fähigkeit zu bewahren, Dinge differenziert zu betrachten, wahrzunehmen und flexibel damit umzugehen.

Wenn wir unserem Kind zeigen können, dass Offenheit und Toleranz für andere Meinungen im Leben wichtig sind, und ihm das vorleben – auch bei Meinungsverschiedenheiten den Kontakt und das Gespräch zu suchen –, legen wir damit eine wichtige Grundlage dafür, respektvoll und fair miteinander umzugehen.

Kinder sind Kinder

Dinge, Menschen verändern sich über die Zeit hinweg. An unseren Kindern sehen wir, wie schnell sie sich entwickeln und dazulernen, reifen.

Dass wir die Welt mit Erwachsenenaugen sehen, kann dazu führen, dass wir uns ein falsches Bild von unseren Kindern machen. Oft ist uns nicht bewusst, dass vieles von dem, was wir automatisch tun und sehen, und für uns selbstverständlich und leicht erscheint, für Kinder noch oder zu schwierig und nicht nachvollziehbar ist.

Kinder sind keine »kleinen Erwachsenen«. Für uns Erwachsene ist vieles inzwischen so einfach, wir haben es schon tausendfach geübt, sodass wir uns oft nicht zurückversetzen können, wie es war, z. B. nicht lesen zu können, nicht Rad fahren zu können … Wir *wissen* es einfach. Oder *machen* es einfach. Dass viele Fähigkeiten mit viel Übung, Lernen, aber auch mit Entwicklung und Reifungsvorgängen zusammenhängen und nicht nur vom eigenen Willen abhängen, vergessen wir manchmal. Zumal unsere Kleinen auch wirklich manchmal Sprüche loslassen, die schon so altklug und erwachsen klingen. ☺

Beispielsweise wenn wir mit unserem Kind üben, trocken zu werden, so hängt das nicht allein von der Fähigkeit, rechtzeitig auf die Toilette zu gehen, oder vom Willen des Kindes ab, sondern es muss dafür z. B. auch die Blase groß genug sein. Oder um Laufen zu können, müssen erst die entsprechenden Muskeln ausgebildet werden. Auch die Konzentrations- oder Gedächtnisspanne ist bei jüngeren Kindern im Vergleich zu Erwachsenen noch sehr gering.

Wie wir in Kapitel 3.2 gesehen haben, lernen Kinder erst nach und nach, sich in andere Personen hineinzuversetzen. Kinder können oft noch nicht vorhersagen, welche Folgen ihr Tun haben wird. Fähigkeiten des vorausschauenden

Denkens bauen sie erst langsam auf. So gehen Dinge auch mal schief, denn auch die Grob- und Feinmotorik müssen sich erst entwickeln.

Aber eine kaputte Vase ist weniger schlimm, als wenn unserem Kind etwas passiert wäre. So hilft es auch uns, uns zu entspannen und die Zusammenhänge zu erkennen und zu schauen, was wirklich wichtig ist. Wir können bestimmte Tätigkeiten mit Kindern üben, damit sie Routine und Sicherheit bekommen.

Kindern fehlt oft der große Rahmen, die Zusammenhänge, um Dinge richtig einzuordnen, und sie verfügen über weniger Lebenserfahrung. Trotzdem machen sie sich *ihr* Bild von der Welt. Beispielsweise vergleichen sich Kinder manchmal mit älteren Kindern. Und sind dann total enttäuscht, wenn diese schneller laufen als sie, höher werfen als sie oder länger aufbleiben dürfen als sie. Dass dies mit dem Alter zu tun hat, diesen Rückschluss können sie noch nicht ziehen.

Kinder haben oft auch andere Werte und Vorstellungen als wir Erwachsenen. So können beispielsweise ihre Konstruktionslust und ihr Spaß am Bauen und unsere Vorstellung von Ordnung schon mal aufeinanderstoßen. Hier können wir jedoch zusammen Lösungen finden und Absprachen treffen, wie wir bereits gesehen haben.

Auch wenn unser Kind trotzt oder herumschreit, sind dies Momente, wo unser Kind sich uns gegenüber äußert und uns etwas mitteilen will. Wir können das oft gerade in dem Augenblick nicht so wahrnehmen, und die Situation nervt oder ärgert uns vielleicht, aber auch dies zeigt einen unverwechselbaren und einzigartigen Teil des Charakters unseres Kindes und diese Momente gehören genauso zur Persönlichkeitsentwicklung wie die »schönen«, einfacheren Augenblicke. Solche Augenblicke können wir als Chancen für uns und unser Kind sehen und lernen, kompetent mit solchen Situationen umzugehen …

> Versetzen Sie sich ab und zu in die Welt Ihres Kindes – sehen Sie die Welt mit Kinderaugen …☺ Auch wir können davon profitieren, Dinge weniger verbissen und mit mehr Humor zu nehmen.

Auswirkungen von Bildern, die man sich von den Kindern macht

Wenn wir uns darüber bewusst sind, welches Bild wir von unserem Kind haben, welches Bild wir ihm vermitteln und auf welche Weise wir ihm dies vermitteln und dabei verantwortlich damit umgehen, wird sich dies förderlich auf die Entwicklung unseres Kindes auswirken.

Das Selbstkonzept unseres Kindes, also das Bild, das unser Kind von sich selbst hat, entsteht zum einen durch die eigenen Beobachtungen des Selbst, also wie es sich selbst erlebt, aber auch durch Bewertungen von außen, also wie andere ihm rückspiegeln, wie sie es erleben (vgl. auch Kapitel 4.2). Wie unsere Äußerungen auf das Selbstkonzept einwirken, haben wir im Kapitel 1.3 bereits angesprochen.

Nicht nur durch Äußerungen, sondern auch durch unser Handeln nach dem inneren Bild, das wir von unserem Kind haben, wirken wir auf die Entwicklung unseres Kindes ein.

Als Eltern kennen wir unser Kind sehr gut. Wir wissen oft, wie es in dieser oder jener Situation reagieren würde. Dieses »Vorhersehen«, »Schon-wissen-wie-es-reagieren-wird« ist mit kritischer Vorsicht zu betrachten. Denn nämlich dann, wenn wir dadurch unserem Kind gewisse Situationen oder Erfahrungen vorenthalten, kann es sich negativ auswirken.

Beispiele:

»Mein Kind ist so unsportlich. Ich melde es nicht beim Turnen an. Das ist nichts für es. Soll es lieber ein Instrument lernen.«

»Mein Kind ist so schüchtern. Deshalb antworte ich lieber, wenn es etwas gefragt wird. Selbst zu antworten, wäre ihm viel zu peinlich und das will ich ihm ersparen.«

»Mein Kind schafft das nicht. Ich übernehme das für es.«

Wir nehmen unserem Kind auf diese Weise Handlungsraum, Erfahrungsspielraum, den Raum, eigene Kompetenzen aufzubauen und zu erweitern. Wenn unser Kind gewisse Situationen durchlebt, wird es seine eigenen Erfahrungen im Leben machen und daraus lernen können.

Wenn wir uns ein bestimmtes Bild von unserem Kind machen und ihm das – oft auch unbewusst – mitteilen, kann dies es einschränken, einengen und blockieren. Und auch uns kann es »blind« machen in dem Sinne, dass wir das, was wir erwarten, verstärkt wahrnehmen, da wir mehr darauf achten und andere Qualitäten oder Verhaltensweisen unseres Kindes übersehen.

Es macht daher einen Unterschied, wie wir mit diesem Wissen, mit diesem Bild umgehen. Generell ist es förderlicher, hier auf das Können und die positiven Seiten unseres Kindes zu schauen, als darauf zu achten, was unser Kind alles nicht kann. So vermeiden wir es, die Schwächen in den Vordergrund zu stellen. Aussagen wie »Also das mit dem Lesen klappt noch nicht so gut! Das machen wir gleich noch mal«, »Na du bist aber schüchtern! Soll ich dir helfen?« oder »Brauchst doch keine Angst zu haben!« sind zwar vielleicht gut gemeint, helfen dem Kind aber nicht weiter, sondern bestärken das eigene Bild, »nicht gut lesen zu können«, »schüchtern« oder »ängstlich« zu sein. Ähnliche wiederkehrende Erfahrungen fördern solche Lernvorgänge nicht, sondern hemmen sie eher, wie wir bereits in Kapitel 4.2 gesehen haben.

Kindern ein positives, realistisches Bild von der Welt ermöglichen

Wenn wir vermeintliche Schwächen unserer Kinder kennen, können wir gezielt Situationen schaffen, um die vorhandenen Fähigkeiten zu stabilisieren und auszubauen. Ist unser Kind beispielsweise ängstlich, so ist es wichtig, Angst auslösende Situationen nicht zu meiden, sondern die Kinder dabei zu begleiten, sich in kleinen Schritten dem Problem anzunähern, um so positive Aspekte zu betonen und hervorzuheben.

Wir helfen unserem Kind am besten, wenn wir ihm »Hilfe zur Selbsthilfe« geben, seine Kompetenzen und Möglichkeiten in den Vordergrund stellen und es auf seinem Weg, selbst das Problem zu lösen, unterstützen.

Insbesondere am Anfang können wir es dabei durch unser Dasein, unsere Nähe und unser Tun unterstützen, und je sicherer sich unser Kind in seinen Kompetenzen fühlt, desto mehr ziehen wir uns zurück. Wir gehen dabei behutsam und langsam, Stück für Stück vor. Wichtig ist, dass das Kind das Gefühl von Kompetenz und Sicherheit (zurück-)bekommt, indem es Situationen zunehmend positiv und entspannt begegnet. Insbesondere wenn unser Kind negative Erfahrungen gemacht hat, ist es wichtig, dass wir es möglichst frühzeitig unterstützen und so eine Stabilisierung von Angst und Unsicherheit verhindern. So tragen wir dazu bei, dass positive Erlebnisse möglich werden, die der Angst entgegenwirken, und sich Selbstvertrauen aufbaut.

Beispielsweise können wir mit unserem Kind in einem Rollenspiel das üben, was es sagen kann (z. B. was es sagen kann, wenn es beim Bäcker eine Brezel bestellen will) oder was es tun kann (z. B. sich durch tiefes, langsames Ein- und Ausatmen entspannen).

Bereits im Kapitel 2.3 haben wir angesprochen, wie wir Kinder Orientierungen mitgeben können, damit sie wissen, wie sie sich in bestimmtem Situationen verhalten bzw. was sie tun können. Wichtig ist es dabei, dass wir unsere Kinder nicht überfordern und dass es nicht dazu führt, dass unsere Kinder dann beginnen, sich Gedanken zu machen, dass irgendwas passiert. Im Vordergrund steht, dass Kinder spüren, dass sie sich immer Hilfe holen können. Und dass sie über das Wissen verfügen, wo sie Hilfe finden können, z. B. bei Nachbarn nebenan oder bei den Großeltern. So kann z. B. auch ein Zettel mit wichtigen Telefonnummern und das Üben und Wissen »Wie telefoniere ich?« dazu beitragen, schon früh Kompetenzen spielerisch und mit Spaß aufzubauen. (Diese Telefonliste kann man beispielsweise schön mit Bildern gestalten, damit auch schon jüngere Kinder Nummern zuordnen können.)

Umgang mit Sorgen und Perfektionismus

Wie wir Dinge sehen und mit ihnen umgehen, erleichtert oder erschwert uns das Leben.

Stellen wir uns folgende Situation vor: Unser Kind kommt mit einer 4 in Deutsch nach Hause. Wie gehen wir damit um? Schimpfen wir mit ihm, dass es versagt hat, beschuldigen wir es, dass es nicht genug gelernt hat? Versinken wir in Sorge, in einem »Oh je, oh je, mein Kind schafft das nie!« und lassen uns lähmen? Oder sehen wir die 4 als einen Hinweis auf Bereiche, die noch zu vertiefen sind, und denken darüber nach, wie das Lernen verbessert werden kann, um daraus dann die Motivation zu gewinnen, dieses Thema noch mal (und anders) anzugehen?

Ich denke, das ist in unserer Zeit sehr wichtig, dass Kinder sich an dem freuen, wer sie sind und was sie können. Klar, stellen wir oft Vergleiche an – wir versuchen uns zu orientieren. Auch Kinder vergleichen sich mit anderen Kindern. Wer kann schneller rennen? Wer kann weiter hüpfen? Wer kann besser rechnen? Wer kann besser lesen? Wer kann besser malen? Es hat ja auch etwas Positives, wenn man bei anderen erkennt: »Der kann ja das! Das will ich auch können!« Dies spornt uns ja auch an. Ein ständiges Gerangel, der Beste in allen Bereichen zu sein, kann jedoch nicht guttun. Ein ständiges Vergleichen deprimiert und blockiert uns, denn es gibt immer jemanden, der etwas besser kann als man selbst. In solchen Situationen sage ich zu meinen Kindern: »Jeder kann etwas anderes gut!«, und das ist etwas, das jeden so einzigartig und besonders macht.

Von uns können unsere Kinder lernen, auch mit Schwächen oder Fehlern selbstbewusst umzugehen und sie anzunehmen lernen. Jeder Mensch hat Schwächen und jeder Mensch macht Fehler. Das ist normal und gehört zum Menschsein. Dieses Bewusstsein hilft uns, Schwächen und Fehler nicht zu verdrängen oder auf ihnen gedanklich zu verweilen, sondern aktiv und konstruktiv mit ihnen umzugehen. Schwächen und Fehler können Prozesse anstoßen, die uns helfen, uns weiterzuentwickeln.

Wenn wir dies unseren Kindern vorleben und vermitteln, wie wir nämlich konstruktiv mit Problemen, Schwächen, Fehlern oder eigenen Grenzen umgehen können, können sie diesen positiven Umgang von uns lernen und verinnerlichen.

Gerade auch in schwierigen Situationen ist es wichtig, dass wir an unsere Kinder glauben. Ein »Oh je, oh je, mein Kind kann das aber nicht!« vermittelt unserem Kind, es würde es nicht schaffen, und es lässt auch nicht die Möglichkeit zu, dass es Fortschritte machen und stärker werden kann. Vertrauen Sie auf Ihr Kind! Dann kann auch Ihr Kind an sich glauben, bringt Motivation auf und strengt sich an. Gerade die kleinen Schritte sind dabei so wichtig. Sie wertzuschätzen tut unserem Kind gut und sie vermitteln unserem Kind, dass es gut ist, über seine Fortschritte zufrieden und stolz auf sie zu sein. Sie bringen einen Mechanismus in Gang – weg von einem »Ich kann das sowieso nicht!« und hin zu einem »Ja, ich kann das schaffen und ich kann mich verbessern!« – und rufen ein Gefühl hervor, das es auch auf andere Situationen übertragen kann. Glaube kann in diesem Sinne wirklich Berge versetzen, weil er unserem Kind eine gute Grundeinstellung vermittelt.

Dabei ist es nicht wichtig, überall der Beste zu sein oder mit anderen mithalten zu können. Der Leistungsbereich ist schließlich nur ein Teil von uns Menschen. Solch ein Konkurrenzdenken setzt uns und unser Kind unnötig unter Druck, auch weil es fälschlicherweise vermittelt: »Nur der ist etwas wert, der etwas kann!« Das Beharren auf einem Perfektionismus führt oft zu einer negativen Sicht und Bewertung seiner eigenen Person durch das ständige Gefühl, nie »gut genug« zu sein. Dies nimmt uns Energie weg, behindert einen konstruktiven Umgang, in dem wir uns Zeit lassen können, Raum geben können, um Erfahrungen zu sammeln und auch mal Fehler zu machen. Zeit, um uns selbst zu finden, uns zu verwirklichen und einfach der sein zu dürfen, der wir sind. Daraus können wir ganz viel lernen und für unser Leben mitnehmen.

Unsere Anteilnahme, unser Glaube an und unser Vertrauen in unser Kind kann Leistung, Persönlichkeit und Selbstwert entkoppeln, wenn wir unserem Kind deutlich machen, dass wir es genauso lieb haben und nicht schimpfen, wenn es mal nicht so gut läuft. Wir können dadurch unserem Kind den Platz geben, den es zum Wachsen braucht.

Unsere Kinder sind einfach toll! Zeigen Sie Ihrem Kind das ruhig so oft wie möglich und lassen Sie es das spüren. Ermutigen Sie Ihr Kind, wenn es zweifelt. Das gibt ihm ganz viel Zuversicht und Kraft mit auf den Weg.

5. Als Eltern das Grundvertrauen in uns selbst stärken und Orientierung finden

JULIA BIESINGER

Wenn wir es zulassen, können wir in viele Dinge hineinwachsen. Das ist das Geniale am Menschsein: unsere Anpassungsfähigkeit.

Wir als Eltern geben unserer Familie Stabilität. Wenn es uns gut geht, stärkt das auch unsere Eltern-Kind-Beziehung, unsere Familie, unsere Partnerschaft. Es gibt aber Situationen, Lebensumstände, in denen es uns vielleicht auch mal nicht so gut geht, das ist ganz normal. Wenn Kinder in unser Leben kommen, dann verändert das natürlich die bisherigen Lebensgewohnheiten. Neue Anforderungen kommen auf uns zu. Anforderungen, die von außen kommen, und Anforderungen, die wir an uns selbst stellen. Möglicherweise erfahren wir eine andere Art von Belastung, die wir bisher so nicht kannten. Die Erziehung unserer Kinder ist dabei auch immer wieder herausfordernd und Probleme und Konflikte gehören mit dazu. Entscheidend ist, wie wir damit umgehen. An Veränderungen und Belastungen, die das Leben mit sich bringt, können wir wachsen und wir finden immer wieder Wege, mit ihnen umzugehen. Wir lernen dauernd hinzu. Mit jeder neuen Situation, die auf uns zukommt. Erziehung ist daher auch ein feinfühliges Herantasten, ein ständiges Dazulernen.

In Kapitel 2.3 haben wir kennengelernt, wie wir mit Problemen umgehen und uns stärken können. In diesem Kapitel möchte ich nochmal verstärkt auf verschiedene Lösungsansätze eingehen, die uns als Eltern helfen, stark durchs Leben zu gehen.

5.1 »Ich bin auch wichtig!« – Was kann ich für mich selbst tun?

Spätestens, wenn wir merken, dass wir gereizt reagieren und angespannt sind, tut es uns gut, wenn wir etwas für uns tun. Wir können in uns selbst hineinhören und herausfinden, woher diese Angespanntheit kommt. Dafür müssen wir uns auch Zeit für uns selbst nehmen. Ich weiß, das ist manchmal nicht so leicht – oft scheint alles andere wichtiger. Aber es ist wichtig, dass wir unsere Angespanntheit lösen, damit sie sich nicht festsetzt oder sich auf andere Personen, auf unseren Partner oder unsere Kinder überträgt.

Ob es uns gut geht, beeinflusst, wie wir uns verhalten und wie wir Situationen einschätzen, wie sie auf uns wirken und wir sie bewerten. Sind wir beispielsweise entspannt, sprechen wir mit anderen Personen anders und können anders auf sie eingehen, als wenn uns ein Problem auf der Leber liegt und uns beschäftigt.

Wie wir gesehen haben, ist unsere Persönlichkeit dabei ein wichtiger Faktor, wie wir mit neuen Situationen umgehen, wie wir Herausforderungen und Anforderungen meistern oder auch mit Stress, Problemen und Konflikten zurechtkommen. Das ist etwas ganz Entscheidendes. Es gibt uns eine andere, neue Perspektive, wenn wir uns von Zeit zu Zeit damit auseinandersetzen bzw. uns bewusst sind, dass durch Situationen nicht nur in einem passiven Sinn »mit uns etwas geschieht«, sondern dass wir unsererseits auch aktiv auf die Situation einwirken können.

Achten Sie mal bewusst auf Ihre eigenen Gedanken, Ihre Wahrnehmung von Situationen:

»Was picke ich mir an Gedanken aus einer Situation?«

Denke ich: »Oh, da ist ja mal wieder alles schiefgelaufen!«, oder sehe ich Probleme als neue Herausforderungen?

Wir übernehmen die Verantwortung für die eigenen Gefühle, wenn wir uns dessen bewusst sind, dass unsere Gefühle dadurch entstehen, wie wir Situationen wahrnehmen und interpretieren. Wir können mit unserer Sicht der Dinge aktiv darauf einwirken, ob wir uns selbst unser Leben schwer machen oder ob wir unsere Möglichkeiten nutzen und mit den für uns negativ erscheinenden Erfahrungen positiv und konstruktiv umgehen.

Wenn wir Situationen negativ erleben und leiden, konzentrieren wir uns auf das, was passiv mit uns passiert, was uns zugefügt wird; es macht uns empfänglich für die negativen Seiten. Wenn wir uns hingegen die aktive Seite bewusst machen, die uns zur Verfügung steht, so eröffnen wir uns damit einen Handlungsspielraum, in dem wir uns bewegen können. Dies macht uns handlungsfähig und wir konzentrieren uns in einem positiven Sinn auf die förderlichen Möglichkeiten, die wir haben oder neu entdecken.

Was tue ich also in einer Belastungssituation? – Ich höre in mich hinein und überlege genau, welche Dinge mich belasten und wie ich mit ihnen umgehen kann. Unser Wohlbefinden hängt dabei von den objektiven Gegebenheiten, aber auch von unserem subjektiven Empfinden, unserer Interpretation der Situation ab. Wir können daher aktiv

- unsere Sichtweise und Einstellung zu unserer Situation ändern und wir können
- »gestalterisch« unsere Situation durch Beeinflussung der Gegebenheiten ändern.

Auch hierbei ist es wichtig, dass wir für uns selbst eine realistische Sicht unserer Umwelt und eine realistische Sicht unserer eigenen Person fördern. Diese beiden Möglichkeiten betrachten wir nun genauer (vgl. Kap. 2.3).

Betrachtung meiner subjektiven Einstellung

Ich schaue mir auch meine eigenen subjektiven Einstellungen an. Sind Belastungen objektiv gegeben oder mache ich mir selbst »Stress«? Wenn ich meine Sichtweise ändere, ändert sich dann die Situation? Was erlebe ich alles an Positivem? Welche Kompetenzen habe ich?

»Hilfe, mein Leben hängt davon ab!« Manchmal wird eine Situation erst durch unsere eigene Wahrnehmung und Bewertung zum Problem. Wir steigern uns rein oder machen uns zu viele Gedanken darüber. Dabei ist es förderlich, sich »nicht schon im Vorfeld die eigene Wahl von irgendwelchen Phantasien, was wohl passieren könnte, beeinträchtigen [zu] lassen, sondern genau zu schauen, was ich hier und jetzt will«.[1] Wir konzentrieren uns auf die Gedanken, die förderlich für die Problemlösung sind, und vermeiden Gedanken, die uns blockieren. Denn wie heißt es so schön: »Den ersten Frieden schließt man mit sich selbst!« Denn was uns sicherlich nicht guttut, ist, uns darauf zu konzentrieren, welche Fehler und Schwächen wir vermeintlich haben, und uns nur noch darüber Gedanken zu machen. Niemand ist perfekt, jeder hat Schwächen und jeder begeht mal einen Fehler. Es tut uns gut, wenn wir bewusst eine positive Einstellung zu uns selbst einnehmen. Wir sind lernfähig, wir lernen daraus und nehmen unser Wissen, was wir falsch gemacht haben, als positive Grundlage dafür, diese Fehler in Zukunft zu vermeiden. Wir übernehmen die Verantwortung für unser Handeln. Das bringt uns Schritt für Schritt nach vorne. Die Vergangenheit ist vorbei, die können wir nicht ändern. Wir können aber entscheiden, wie unsere Gegenwart ist und welche Wege wir dabei beschreiten wollen.

Ein solcher Gedankenstopp bzw. Gedankenwechsel führt uns in Richtung Problemlösung.

Wir haben immer Wege, uns zu entscheiden. Wir können bestimmen, welche Wege wir gehen und auf welche Art und Weise wir sie gehen.

»Nicht jammern – angehen!« Wenn wir jammern, sehen wir unsere Situation negativ und negative Gefühle setzen uns zu. Wir lassen uns von unseren Emotionen überwältigen. Dies führt dazu, dass wir passiv bleiben. Nichts ändert sich. Um handlungsfähig zu bleiben und Situationen aktiv zu lösen, nehmen wir stattdessen bewusst die positiven und förderlichen Aspekte in die Mitte und konzentrieren uns dabei auf den jeweils nächsten Schritt in Richtung des Ziels, das wir uns gesetzt haben. Wir nehmen sozusagen eine »Fokusverschiebung« vor und schauen hin zu dem, was wir alles schon geschafft haben, und zu den Ressourcen und Möglichkeiten, die wir vor uns haben, und zu dem, was wir können und den damit verbundenen positiven Gefühlen und Gedanken und weg von den Dingen, die uns an uns zweifeln lassen und die uns nicht weiterbringen, also weg von den negativen Gefühlen und Gedanken.

Meine eigene Sichtweise und Einstellung zu Situationen oder Personen beeinflusst, wie ich mich verhalte und wie sehr ich mich auf sie einlasse und wie sehr sie wiederum mich beeinflussen. Gebe ich meinen Problemen, den negativen Gedanken und Gefühlen viel Raum, werden sich diese dementsprechend ausbreiten. Um eine Änderung zu bewirken, kann ich handeln und aktiv werden.

Dazu können wir uns selbst genau beobachten und uns mit Hilfe unserer Gedanken – praktisch mit unserer inneren Stimme – selbst dazu anleiten: »Jetzt mache ich das und nachher mache ich das.« Wir gehen gedanklich einen Plan durch und steuern auf diese Weise unser Verhalten. Wenn wir merken, bestimmte Gedanken oder bestimmte Verhaltensweisen (z. B. Rauchen) tun uns nicht gut, können wir uns gezielt auf etwas anderes konzentrieren und alternatives Verhalten anvisieren.

Wenn Sie dies in Ihrem Leben von Haus aus so gelernt haben, werden Sie automatisch mit Problemen auf diese Weise umgehen oder es wird Ihnen dementsprechend leichtfallen. Auch wenn Sie ein Mensch sind, der eher an sich zweifelt und einen Hang dazu hat, Dinge negativ zu sehen, dann braucht es nur Übung und die Bereitschaft, sich auf eine neue Denkweise einzulassen. Wenn wir dranbleiben und bereit sind, umzulernen, lassen sich mit der Zeit auch alte gewohnte Denkweisen ablegen und wir können von einer hilfreichen, positiven und konstruktiven Problemsicht in unserem Leben profitieren.

Wir stellen bewusst unsere Kompetenzen, Stärken, Möglichkeiten, Chancen und unseren Glauben an die eigene Kraft in den Vordergrund. Wir können zu uns sagen: »Es ist mein Leben und wenn ich etwas tue, bewegt sich etwas!«

Manchmal blockieren wir uns bei der Problemlösung auch selbst oder engen uns ein, weil wir eingefahren sind oder ein bestimmtes Bild im Kopf haben.

»Man muss das doch so machen!«

»Alle anderen machen auch ...!«

»Das kann man doch nicht machen!«

Kann man nicht? Muss man? Wer definiert, was man kann und was nicht? Was man tun muss und was nicht? Manchmal setzen wir uns selbst Grenzen, ohne diese von Zeit zu Zeit zu überdenken und sich zu fragen, ob sie auch angemessen sind. Manchmal setzen wir uns auch unter Druck, weil wir denken, dass andere bestimmte Dinge von uns erwarten oder wir zu hohe Anforderungen an andere und uns selbst stellen. Wenn uns solche Bilder bewusst werden, können wir sie ändern.

Denn müssen wir nicht selbst mit der Situation glücklich sein? Es ist unser Leben und im Normalfall weiß niemand besser als wir selbst, was gut für uns ist. Wir haben alle unsere eigenen Werte, unseren eigenen Rhythmus, unsere eigene Weise, um mit Situationen umzugehen.

Das heißt nicht, dass es uns nicht guttut, auch den Rat und die Kritik von anderen zu überdenken. Es tut uns gut, uns mit anderen Sichtweisen auseinanderzusetzen. Es erweitert unseren eigenen Horizont und gibt uns einen ganzheitlicheren Blick auf unsere Situation.

Wenn wir merken, dass uns unsere eigenen Ansprüche im Weg stehen oder wir zu einer Übertreibung unseres Problems neigen, wenn wir ihm zu viel Raum geben, kann es uns sehr helfen, wenn wir auf die wirklich essenziellen Dinge des Lebens schauen. Wir werfen einen realistischen Blick auf die Frage: »Wie groß ist das Problem wirklich?«

Angesichts der Weltlage kann wirklich jeder froh sein, wenn er gesund ist und zu essen hat. Vielen Menschen auf dieser Welt geht es nicht so gut – viele Menschen, viele Kinder hungern, frieren, müssen sich mit Krieg, Flucht, Gewalt, Tod oder Krankheit auseinandersetzen.

Im Jahr 2013 schrieb UNICEF: »52 Millionen Kinder unter 5 sind mangelernährt (1990 waren es 58 Millionen). Mehr als 29 Millionen Kinder leiden unter der schweren Form der Mangelernährung. Ein Drittel aller Todesfälle bei Kleinkindern geht auf Mangelernährung zurück.«[2]

Für das Jahr 2015 ermittelte das Heidelberger Institut für Internationale Konfliktforschung weltweit 409 politische Konflikte, wovon 223 gewaltsam ausgetragen wurden.[3]

Vielleicht hilft diese große Sicht auf die Welt, uns bewusst zu werden, wie gut es uns geht, wie klein doch oft unsere Probleme sind und wie zufrieden wir tatsächlich sein können – und bewahrt uns somit davor, uns in unsere Probleme hineinzusteigern. Wir brauchen als Mensch eigentlich nicht viel, um glücklich sein zu können.

Wenn wir unseren Kopf frei gemacht haben, sammeln wir die Möglichkeiten und Alternativen, die uns für eine Problemlösung zur Verfügung stehen. Innerlich fragen wir uns: »Was kann ich tun? Was könnte mir sonst noch helfen? Was kann ich anders machen, damit ich mein Ziel erreiche?«

Betrachtung der objektiven Gegebenheiten

Ich schaue mir die *objektiven Gegebenheiten* an. Kann ich an ihnen etwas ändern?

> Was tut mir gut? Was tut mir nicht gut? Was kann ich gut bewältigen? Was belastet mich? Was sind meine genauen Ziele? Was sind meine Bedürfnisse? Wo liegen meine Stärken? Kann ich die Belastungen reduzieren? Wie? Wo liegen Ansatzpunkte? Wie kann ich mich entspannen?

Oft nehmen wir uns schlichtweg zu viel auf einmal vor. Wenn wir uns dabei keine realistischen Anforderungen stellen, die zu bewältigen sind, sondern uns permanent überfordern, kann uns dies sehr belasten und in Folge die Beziehung zu unserem Kind und unserem Partner beeinträchtigen. Gut tut es da, wenn wir uns die Dinge, die wir tun, vor Augen führen, sie hinterfragen und Prioritäten setzen, »überflüssigen Ballast« loswerden.

Und wir sollten dabei ehrlich zu uns und zu anderen sein und auch mal »Nein« sagen, wenn es zu viel wird. Oft meldet sich da unser Bauchgefühl, lange bevor wir bewusst realisieren, dass wir die Dinge anders angehen sollten. Hören Sie ruhig ab und zu in sich hinein. Dies kann uns helfen, eigene Grenzen zu erkennen und daraus Schlussfolgerungen zu ziehen.

Das können banale Alltagsdinge sein, z. B.:

- Kann ich meinen Alltag anders strukturieren, damit ich mir mehr Platz schaffe?
- Kann ich Dinge miteinander verbinden?
- Kann ich Dinge weniger häufig oder in einem geringeren Ausmaß durchführen oder ganz weglassen?
- Es kann uns z. B. auch helfen, uns einen Zeitplan zu machen, bevor wir uns in Sachen reinhängen, die nicht wirklich wichtig sind.

Wir können uns aber auch grundlegendere Fragen stellen, z. B.:

- Kann ich mir Unterstützung holen?
- Kann ich mich oder mein Partner sich beruflich umstrukturieren?

  Bei Entscheidungen können uns folgende Fragen helfen:
- Was würde eine andere Person an meiner Stelle tun?
- Was würde ich jemand anderem raten?
- Was würde ich mir wünschen, wenn ich in der aktuellen Situation einen Wunsch hätte?

Diese Fragen oder eine Liste mit den jeweiligen positiven und negativen Aspekten einer Entscheidung geben uns Hinweise auf unsere eigenen Bedürfnisse, Werte, Einstellungen, Ziele … und helfen uns, klarer über uns selbst zu werden.

Dabei ist es auch entlastend, wenn wir Dinge, die uns ständig im Kopf herumgehen, endlich in Angriff nehmen und abschließen. Diese Dinge blockieren uns sonst in unserem Tun und rauben uns Energie. Manchmal drücken wir uns beispielsweise vor Entscheidungen, die anstehen. Aber durch ein Hinausschieben lösen sie sich nicht auf, im Gegenteil …

Gleichzeitig können wir uns präventiv stärken, um besser mit möglichen Stresssituationen umgehen zu können. Wahrnehmen, auszuprobieren, was uns guttut, und uns gezielt Zeit für uns selbst zu nehmen oder Sport und Musik als Ausgleich können Alternativen darstellen, die uns stärken und innerlich stabilisieren. Ganz bewusst abzuschalten, uns aus dem Alltag und den Medien, der dauernden Verfügbarkeit rauszunehmen, lässt uns neue Kraft schöpfen, wenn wir uns gezielt solche Ruhe-Inseln schaffen. Dabei wirken Entspannungstechniken oder andere Vorgehensweisen beim Umgang mit Stress vor allem dann, wenn ich mich bewusst darauf einlasse und auch die Bereitschaft in mir trage, mich vom Stress zu lösen.

Wenn man beispielsweise durch das Hören von Musik, die man gut findet, seine Stimmung verbessern möchte, so gelingt dies vor allem dann, wenn man auch die Absicht hat, sich dadurch glücklicher zu fühlen.[4]

Wir können in uns selbst Entspannung finden mit der Gewissheit, dass wir immer Möglichkeiten haben, schwierige Situationen zu meistern. Dazu kann ich mir beispielsweise auch neue Kompetenzen aneignen, die mir helfen, zukünftig mit problematischen Situationen anders umzugehen.

Mit Blickerweiterern im Gespräch bleiben

Wenn wir Sorgen oder Probleme haben, können wir Unterstützung bei unseren Freunden, unserer Familie, unserem Partner finden, und auch wir können für sie da sein.

Besonders gut funktioniert ein Gedankenaustausch, wenn wir mit Menschen reden, bei denen wir uns wohlfühlen, die uns sympathisch sind und bei denen wir ganz offen über alles reden können. Von denen wir wissen, dass sie uns ernst nehmen, dass sie ehrlich zu uns sind, uns Mut zusprechen, die Freude mit uns teilen, unsere positiven Seiten sehen, uns aber auch mitteilen, wenn sie gewisse Dinge kritisch sehen oder anders angehen würden, ohne uns dabei ihre Meinung aufzudrücken.

Sich als stark zu zeigen und so zu tun, als ob alles in Ordnung wäre, ist nicht nötig. Deshalb ist es bedeutsam, dass wir offen mit unseren Befindlichkeiten und Problemen umgehen. Wenn wir uns mitteilen, erleichtert dies unseren Mitmenschen, unsere Reaktionen richtig zu interpretieren, und sie können uns helfen oder uns unterstützen. Mit unserer Offenheit fördern wir ein tieferes Verständnis. Wir gehen damit einen ersten Schritt in Richtung Problemlösung.

Oft sind enge Freunde eine ganz wertvolle Ressource. Aber auch Nachbarn, andere Eltern aus dem Kindergarten und der Schule, Erzieher und Lehrer können für uns Blickerweiterer sein. Wir können im Gespräch bleiben und uns austauschen. Sie können uns und wir ihnen neue Sichtweisen, andere Einblicke geben. Wir können Sie da nur einladen, mit anderen in Kontakt zu bleiben.

Wenn sich unsere Kinder entwickeln, gibt es oft große Unterschiede, wann sie bestimmte Dinge lernen, wie etwa das Laufen oder Sprechen, aus einer Tasse zu trinken oder trocken zu werden. Die Spannen, in denen sie lernen, können dabei sehr groß sein. Das eine Kind lernt früher laufen, das andere später. Das eine redet früher oder mehr, das andere später oder weniger.

Viele Eltern machen sich Sorgen oder werden sogar ungeduldig und fordernd, wenn ihr Kind weiter hinten in dieser Spanne liegt. Viel zu oft werden Vergleiche zwischen den Kindern gezogen und es wird gewetteifert. Der Leistungsgedanke unsere Gesellschaft sitzt tief. Was aber genau sagt es aus, wenn ein Kind schon früher laufen, sprechen, essen, durchschlafen, rechnen oder lesen kann als ein anderes? Haben diese Unterschiede irgendwelche Auswirkungen? Kann es deshalb später besser laufen, sprechen, essen, durchschlafen, rechnen oder lesen?

Wichtig ist, wenn Sie sich Sorgen um die Entwicklung Ihres Kindes machen, dass Sie mit Ihrer Hebamme, Ihrem Kinderarzt, mit den Erzieherinnen des Kindergartens oder den Lehrern der Schule sprechen. Durch die Vorsorgeuntersuchungen, die sogenannten U-Untersuchungen, wird die Entwicklung Ihres Kindes beobachtet und auch die Erzieherinnen und Lehrer haben Ihr Kind mit im Auge.

Was ich besonders auch als Mutter gelernt habe, ist, bei Kindern immer verschiedene Faktoren gleichzeitig im Auge zu behalten. Wenn Probleme auftreten und anhalten, ist es immer gut, sowohl körperliche als auch psychische Ursachen in Betracht zu ziehen und gegebenenfalls untersuchen zu lassen.

Was tun, wenn wir Situationen nicht ändern können?

Viele Dinge lassen sich lösen. Es gibt jedoch auch Situationen und Dinge, die nicht veränderbar sind, die wir nicht beeinflussen können, die einfach so sind, wie sie sind. Und vielleicht leiden wir gerade darunter, dass wir keinen Einfluss auf sie haben, wie z. B. auf Krankheit oder den Tod eines Freundes oder nahen Verwandten.

Ich habe jedoch immer die Freiheit meines Geistes und ich selbst kann bestimmen, wie sehr ich mich von Umständen beeinflussen lasse. Ich kann in meinem Kopf bewusst

Situationen durchdenken, mir die Zeit nehmen, sie in Ruhe zu überdenken, und dann Frieden mit Situationen schließen. Wir profitieren davon, wenn wir uns für die Verarbeitung von Erfahrungen genügend Zeit nehmen, sie nicht verdrängen und uns die positiven wie auch die negativen Emotionen zugestehen. Sie sind ein Teil von uns und sie sind auch ein Signal dafür, wie wichtig uns bestimmte Personen und Situationen sind. Wenn wir uns damit intensiv auseinandersetzen und uns dabei nicht erdrücken lassen, können wir neue Kraft schöpfen und unsere Ressourcen aktivieren. Ich kann zu mir selbst sagen, worauf ich mein Augenmerk legen will, und mich gezielt auf die Dinge konzentrieren, die ich beeinflussen kann. Wenn ich zu mir sage: »Ich will mich auf die positiven Aspekte der Situation konzentrieren«, dann kann ich bewusst an die positiven Seiten denken, und immer wenn negative Gedanken aufkommen, die mich nicht weiterbringen, mich behindern und belasten, dann kann ich meinen Blickwinkel bewusst auf die positiven Dinge lenken.

Dies ändert bestimmt nicht die Realität, aber es hilft uns, dass es uns, wenn auch nicht sofort, aber Stück für Stück besser geht und uns davor schützt, uns von der Situation erdrücken zu lassen.

Hilfreich ist es auch zu merken, wann es an der Zeit ist, sich bei Problemen an professionelle Fachkräfte zu wenden. In schwierigen Situationen besteht für uns immer die Möglichkeit, die Hilfe von kompetenten Fachleuten in Anspruch zu nehmen – dafür sind sie da. Dies können beispielsweise Beratungsstellen, Ärzte oder Psychologen sein.

Welche Strategien haben Sie entwickelt, um mit Belastungen umzugehen?

5.2 »Zusammen schaffen wir das!« – Eltern und Partnerschaft

Eine Beispielsituation: Es ist spät abends, ich muss noch dringend etwas ganz Wichtiges für die Arbeit am nächsten Tag vorbereiten. Ich bin total müde, fix und fertig und gehöre eigentlich schon lange ins Bett. Aber es muss eben noch fertig werden. Ich bin total gestresst und versuche mich zu konzentrieren. Uwe, mein Partner, spricht mich an: »Meinst du nicht, du solltest jetzt Schluss machen und ins Bett gehen?« Plötzlich kocht der Stress über: »*Nie* kannst du mich in Ruhe lassen. *Immer* weißt du alles besser!«, fauche ich Uwe an. Die Situation eskaliert. Dabei hat Uwe es nur gut gemeint ... Kommt Ihnen solch eine Situation bekannt vor?

Ob ich in der Partnerschaft glücklich bin, ob ich zufrieden bin, hängt davon ab, wie wir miteinander umgehen – im Alltag und in Konfliktsituationen.

> Wie gehe ich mit meinem Partner um, wenn ich entspannt bin? Wie gehe ich mit ihm um, wenn ich angespannt bin, wenn mich etwas belastet, wenn ich gestresst bin? Wie sieht unsere Kommunikation dann aus?

Eine Partnerschaft kann Belastungen von verschiedenen Seiten erfahren. Verschiedene Komponenten spielen dabei eine Rolle:

- Wie sehe ich mich selbst? Welches Bild habe ich von mir selbst? Wie erlebe ich mich selbst?
- Wie gehe ich mit Problemen und Belastungen um? Gehe ich konstruktiv an Probleme heran? Habe ich eine realistische Sichtweise?

Diese beiden ersten Punkte haben wir im vorigen Kapitel angesprochen. Konkret möchten wir nun auf folgende Punkte eingehen:

- Wie sehe ich meinen Partner und unsere Partnerschaft? Welches Bild habe ich von meinem Partner? Wie erlebe ich ihn?
- Wie gehen wir gemeinsam mit Problemen und Belastungen um?

Auch in der Partnerschaft machen wir uns vom anderen ein bestimmtes Bild. Wenn wir verliebt sind, sind wir ganz euphorisch und beglückt von unserem Partner. Wenn wir länger miteinander zusammen sind und zusammenziehen, lernen wir immer wieder neue Seiten an unserem Partner kennen. Das ist spannend, wir tasten uns gegenseitig aneinander heran. Jeder ist anders, jeder hat seine Stärken, seine Schwächen, seine Macken, seine »Einzigartigkeiten«. Jeder hat seine eigene Meinung, bestimmte Verhaltensweisen, Werte, Vorstellungen von Leben, Partnerschaft, Familie, Erziehung … Das alles macht uns aus als Person, als der, der wir sind. Durch die Erfahrungen in unserem Leben, durch das Aufwachsen in unserer Familie, durch das Zusammensein mit Freunden, Lehrern, Erziehern, aber auch durch unsere Gene und unser eigenes aktives Tun, Denken und Fühlen sind wir geprägt. Wir Menschen sind individuell in unseren Emotionen, Gedanken und Verhaltensweisen. Jeder hat seine eigene Weise, Dinge zu tun, jeder reagiert anders, empfindet und denkt anders. Wie gehen wir damit um, dass wir verschieden sind?

Partnerschaftliche Kommunikation

Die Kommunikation zwischen uns, wie wir uns einander gegenüber verhalten, ob wir respektvoll und achtsam miteinander umgehen, spielt dabei eine zentrale Rolle. Wir haben ein positives Bild von unserem Partner und unserer Partnerschaft, wenn wir miteinander vor allem positive Erfahrungen machen.

- *Hören wir unserem Partner feinfühlig und empathisch zu?*

Wenn wir Menschen gegenüber empathisch sind, sie akzeptieren und respektieren, anstatt ihre Lebensweise und ihr Verhalten zu bewerten oder vorschnell zu verurteilen, eröffnet uns dies die Möglichkeit, auf andere Personen zuzugehen. Mit meiner Bereitwilligkeit, die Andersartigkeit meines Partners anzuerkennen, sie zu respektieren, sie wertzuschätzen und bei Unstimmigkeiten konstruktiv damit umzugehen, nehme ich Einfluss auf unsere Partnerschaft.

Wir sind glücklich, wenn wir uns wohlfühlen, wenn wir der sein dürfen, der wir sind, und wenn wir spüren, dass wir so angenommen werden, wie wir sind, wenn wir erleben, dass wir gemeinsam mit dem Partner agieren. Wenn wir merken, unser Partner geht verantwortungsvoll, respektvoll, empathisch und feinfühlig mit uns um, auch wenn wir teilweise verschiedene oder gegensätzliche Wünsche, Interessen, Meinungen, Werte usw. haben, dann sind wir offen und teilen mit, was uns bewegt. Es ist ein Gefühl der Sicherheit. Und auch wir sind angeregt, verantwortungsvoll, respektvoll, empathisch und feinfühlig mit ihm umzugehen.

Wenn wir uns nicht angenommen und geborgen fühlen, verschließen wir uns. Mehr noch, wenn wir uns angegriffen, verurteilt oder beschuldigt fühlen, wenn wir uns missverstanden fühlen, dann tendieren wir dazu, uns zurückzuziehen oder unser Gegenüber seinerseits anzugreifen, zu verurteilen und zu beschuldigen.

Wenn wir miteinander reden, können wir unserem Partner aufmerksam und interessiert zuhören und versuchen, uns in ihn einzufühlen, ihn zu verstehen, seine Gefühle, Bedürfnisse und Erwartungen wahrzunehmen.

Damit es nicht zu Missverständnissen kommt, sollten wir keine vorschnellen Interpretationen der Reaktionen unseres Partners vornehmen. Zudem sollten wir unsere eigene Wahrnehmung kritisch hinterfragen:

> Wie sehe ich meinen Partner und die jeweilige Situation?
>
> Sehe ich die Situation realistisch und objektiv oder ist meine Wahrnehmung durch meine eigene Beteiligung und meine möglicherweise negativen Gefühle und Gedanken verzerrt?
>
> Wenn ich empfinde, dass sich mein Partner mir gegenüber negativ verhält, bin ich da offen, seine Situation (z. B. seinen Stress in der Arbeit, seine Schmerzen, seine Unzufriedenheit mit der eigenen Situation, seine Sorgen bezüglich der Zukunft …) als Erklärungsmöglichkeit dafür zu berücksichtigen, oder beziehe ich alles auf mich und unsere Beziehung?

Die Frage ist, ob wir, wie bereits in Kapitel 1.3 angesprochen, in der Lage sind, die Mitteilungen unseres Partners richtig zu deuten, zu erkennen, ob eine Aussage als Sachinhalt, als Selbstkundgabe, als Beziehungshinweis oder als Appell zu verstehen ist. Wenn wir uns nicht sicher sind, dann fragen wir nach.

In einem Gespräch ist es insbesondere wichtig, nachzuhaken, wenn durch Äußerungen unseres Partners in uns negative Gefühle entstehen. Wenn wir diese nur stillschweigend in uns aufnehmen und uns entsprechend negativ ihm gegenüber verhalten, können Missverständnisse oder Probleme nicht geklärt werden.[5]

Aktives Zuhören bedeutet auch, dass wir mit eigenen Worten formulieren, was wir verstanden haben. Damit spiegeln wir unserem Partner Verständnis und die Bereitschaft und die Motivation wider, uns mit seiner Sicht der Dinge auseinanderzusetzen.[6]

Nicht nur mit unserem Kind, natürlich auch mit unserem Partner ist es wichtig, dass wir die Offenheit untereinander fördern, indem wir aktiv zuhören und auf ihn eingehen.

- *Teile ich mich mit? Und wie teile ich mich mit?*

Für eine positive, offene Partnerkommunikation spielt es eine Rolle, inwieweit ich selbst in der Lage bin, meine eigene Sichtweise, meine Bedürfnisse und meine Gefühle klar zu äußern, offen auszusprechen, was mich bewegt. Wie bereits angesprochen, ist es hierfür förderlich, in mich selbst hineinzuhören, um herauszufinden, was genau ich fühle, was ich mir wünsche und was ich erwarte.

> Wie kann ich mich am besten mitteilen? Wie erkläre ich meine Sichtweise?

Wenn ich mich mitteile, dann spreche ich in der Ich-Form und enthalte mich jeder Verurteilung oder Bewertung (vgl. Kapitel 1.3). Leichter fällt es uns, uns mitzuteilen, wenn wir konkretes Verhalten in konkreten Situationen ansprechen.

> Folgendes Beispiel: »Als wir am Samstag über unsere Urlaubspläne gesprochen haben, hab ich so wütend und heftig reagiert, weil ich das Gefühl hatte, dass dich meine Meinung nicht interessiert. Eigentlich war ich aber sehr traurig, weil ich Angst habe, dass du mich nicht liebst.«

Auf diese Weise teilen wir unserem Partner unsere zugrunde liegenden Gefühle und unsere Bedürfnisse mit, ohne dass er sich angegriffen fühlt. Er kann somit die Hintergründe unserer Reaktionen verstehen und wird angeregt, über eigene Gefühle und Bedürfnisse zu sprechen.

Unser Partner kann dadurch genauer nachvollziehen, was wir meinen, und es vor allem anders annehmen, als wenn wir in der gleichen Situation z. B. sagen: »Immer bestimmst du alles! Das ist so egoistisch!«

Damit beschuldigen wir unseren Partner und greifen ihn an. Er wird daraufhin eine Abwehrhaltung einnehmen oder »klein beigeben«. Beides wirkt sich ungünstig auf unsere Partnerschaft aus, da ein negatives Gefühl entsteht und über die eigentlichen Probleme, die Hintergründe nicht gesprochen wird. Wenn wir uns negativ einander gegenüber verhalten, uns immer weiter mit unseren Reaktionen gegenseitig verletzen – angesichts unserer damit immer negativer werdenden Bilder im Kopf voneinander und von unserer Beziehung –, stabilisiert sich ein negativer Kreislauf bzw. eine Negativspirale setzt ein. Deshalb ist es so wichtig, bereits frühzeitig einen solchen Kreislauf zu verhindern.

Indem wir konkret von unseren eigenen Gefühlen, Bedürfnissen und Erwartungen sprechen, diese klar ausdrücken und eine positive Atmosphäre im Gespräch aufbauen, indem wir gewaltfrei ohne Verurteilungen kommunizieren, fördern wir das Gespräch an sich und die Bereitschaft beim Partner, sich tiefergehend mit dem angesprochenen Thema auseinanderzusetzen und die eigene Sichtweise, eigenen Gefühle, Bedürfnisse und Erwartungen mitzuteilen.[7]

Es hilft uns, uns Gedanken um unsere eigene Person zu machen, statt unserem Partner emotionsgeladen irgendwelche Dinge vorzuhalten. In einer einander positiv zugewandten

Kommunikationsatmosphäre können wir auch schwierige, emotionale Themen ansprechen und dahinterliegende Bedürfnisse klären und somit zur Wurzel eines Problems vordringen.

Eine Partnerschaft lebt davon, dass wir unsere Bedürfnisse und unsere Grenzen gegenseitig wahrnehmen, sie respektieren, uns damit auseinandersetzen und einander helfen, diese in einer Weise, die für beide befriedigend ist, in Einklang zu bringen.

Wenn wir nicht sagen, was wir uns wünschen, nehmen wir unserem Partner die Möglichkeit, sich damit zu beschäftigen und gemeinsame Ansatzpunkte zu finden, die Situation zu verbessern. Auch deshalb ist es so essenziell, dass wir lernen, uns mitzuteilen.

Schwierig wird es nämlich, wenn einer der Partner sich abkapselt und zurückzieht, weil er sich unverstanden fühlt. »Aber ich würde doch so gern – und er merkt es aber nicht.« Es kann sein, dass wir denken, unsere Bedürfnisse und Erwartungen seien offensichtlich. Ein Partner wird aber nicht als wunscherfüllender Hellseher geboren und kann weder Gedanken lesen noch in uns hineinsehen. Das wünschen wir uns zwar zuweilen, denn dann würde es auch keine Missverständnisse geben. Deshalb ist es so wichtig, unsere Bedürfnisse zu äußern, zu kommunizieren und darzulegen, was sich hinter unseren Reaktionen verbirgt, und auch deutlich zu machen, was die Reaktionen unseres Partners bei uns auslösen. Wichtig ist, dass wir dies konkret und nicht verschlüsselt tun.

Wenn wir beispielsweise zu unserem Partner sagen: »Unsere Tochter hat morgen Handball!«, dann wissen wir vielleicht ganz genau, was wir damit sagen wollen, aber es heißt nicht automatisch, dass unser Partner sich daraus erschließt, dass wir wollen, dass er die Tochter abholt …

Wenn wir uns mitteilen, bekommt unser Partner ein klares Bild von unseren Gefühlen und Beweggründen und kann unsere Reaktionen im Zusammenhang deuten. Wenn wir das Innenleben unseres Partners kennen, das sich hinter seinen Reaktionen verbirgt, und umgekehrt, kann dies zum einen unsere Sichtweise, unsere Gefühle und Gedanken ändern und zum anderen kann es uns Ansatzpunkte dafür geben, wie wir in Zukunft unsere Kommunikation verändern und verbessern können.

Es gibt ja das Vorurteil, Frauen gehe es vor allem um Kommunikation, Männern vor allem um Sex, aber ich denke, das Zeigen von körperliche Zuneigung, wie Festhalten, Umarmen, Küssen, Streicheln, Massieren, Sex …, ist für beide wichtig, um durch das Taktile, den unmittelbaren Hautkontakt, ein direkteres Gefühl von Zuwendung, Aufmerksamkeit, Geborgenheit, Sicherheit und Nähe zu bekommen. Eine gute körperliche Kommunikation ist für jeden auf seine Weise wohltuend und fördert die gegenseitige Zuneigung und das Wir-Gefühl.

> Wissen Sie, was Ihr Partner mag, was ihm guttut? Vermuten Sie es oder haben Sie schon einmal direkt darüber gesprochen?
>
> Haben Sie Ihrem Partner schon einmal gesagt, was Sie gern mögen und was nicht?

Es wirkt sich positiv aus, wenn wir uns die Fähigkeit erhalten, wahrzunehmen und auszudrücken, was wir an Positivem in der Beziehung erleben. Nicht nur der Partnerschaft, sondern auch uns selbst tut es gut, wenn wir uns unsere Fähigkeit bewahren, Zufriedenheit zu erleben und positive Gefühle zuzulassen und auszudrücken. Für gewöhnlich sind wir sehr schnell darin, den Zeigefinger auf den anderen zu richten, wenn er uns negativ tangiert. Positive Erlebnisse nehmen wir allzu oft für selbstverständlich. Deshalb tut es uns gut, so oft wie möglich gezielt die positiven Seiten und Erfahrungen, die Stärken unserer Beziehung ins Gedächtnis zu rufen und auch unserem Partner positive Rückmeldungen zu geben. Unsere Partnerschaft wird durch gemeinsame positive Erfahrungen und Erlebnisse gestärkt.

Was machen Sie gern mit Ihrem Partner gemeinsam? Leben Sie gemeinsame Interessen? Wie gestalten Sie Ihre gemeinsame Zeit? Wie oft nehmen Sie sich bewusst Zeit füreinander?

Partnerschaftlicher Umgang mit Stress und Belastungen
Günstig ist es, solche Kommunikationsfähigkeiten und Umgangsweisen möglichst früh in der Beziehung zu fördern, bevor sich mögliche Probleme verfestigen.

Als Mensch reagieren wir auf unsere Mitmenschen und unsere Umwelt und beeinflussen diese, und auch unsere Mitmenschen und unsere Umwelt beeinflussen uns. Das Erkennen, Begreifen und Wissen um solche Zusammenhänge erleichtert uns das Leben. Denn Kommunikationen in der Partnerschaft können ein »Eigenleben« entwickeln. Sie laufen oft nach demselben Muster ab, wenn sich bestimmte Bilder in uns verfestigt haben. Wenn wir diese Muster erkennen und uns bewusst anders verhalten und offener kommunizieren, können wir uns von eingefahrenen Kreisläufen befreien.[8]

»Es ist doch immer dasselbe. Immer wenn ich ihn was fragen will, behandelt er mich abfällig.« Eine Reaktion folgt auf die andere, ungünstige Kommunikationsmuster spielen sich ein und stabilisieren sich. Mauern bauen sich auf. Dies kann in der Folge zu gehäuften Konflikten führen oder dass sich beide oder ein Partner aus der Kommunikation zurückziehen. Wichtig ist, dass wir auch in diesem Fall versuchen, wieder auf der Ebene der zugrunde liegenden Gefühle, Bedürfnisse und Erwartungen zu kommunizieren. Dass wir uns bereit zeigen, uns damit zu befassen, was auf beiden Seiten an Gefühlen, Bedürfnissen und Erwartungen hinter unseren Reaktionen steht.[9]

Dadurch, dass wir auf diese Weise einen Einblick in die Innenwelt unseres Partners bekommen, weitet sich unser Blick und Zusammenhänge werden klar. Wir können bei uns selbst damit anfangen und möglicherweise unseren Partner auf diese Weise zu einem »Umlernen«, zu einer beziehungsfreundlichen, direkten und klaren Kommunikation anregen, um so die Reaktionsspirale zu unterbrechen.

Gemeinsam mit unserem Partner können wir die Erwartungen auf beiden Seiten besprechen und so konkrete Ansatzpunkte und Wege finden, diese zu vereinen und mögliche unbefriedigende Situationen zu lösen. Damit beziehen wir unseren Partner ein und geben einander Möglichkeiten, den Weg weiterhin glücklich miteinander zu gehen.

Um an meiner eigenen Kommunikation zu arbeiten, kann ich beispielsweise auch mein eigenes Verhalten durchleuchten und kritisch hinterfragen; z. B. kann ich mich fragen:

> Bin ich bereit, mich offen und konstruktiv mit meinem Partner auseinanderzusetzen?
>
> Spreche ich auch vermeintlich »heikle« Themen an?
>
> Kann ich meine Gefühle so ausdrücken, dass ich meinen Partner dadurch nicht angreife und verletze?
>
> Was könnte ich im Umgang mit meinem Partner konkret verbessern?

Habe ich bestimmte Muster, zu reagieren? Könnte ich auch anders reagieren?

Bin ich bereit, mich mit anderen Standpunkten und mit Kritik auseinanderzusetzen und diese zu reflektieren?

Haben sich in der Kommunikation schon ungünstige Kommunikationsmuster herausgebildet, haben sich Konflikte gehäuft und verstetigt, braucht es Zeit und Wille, ihnen entgegenzuwirken, und Ausdauer, um nicht in die alten Muster zurückzufallen. Wir können aber anders damit umgehen, wenn wir um diese Muster wissen, beide auf einer gemeinsamen Basis daran arbeiten wollen und uns dafür Zeit geben. Wenn wir wissen, wir können darüber offen reden.

Es kann uns auch guttun, besonders bei schon länger bestehenden Problemen in der Partnerschaft, wenn wir dabei Hilfestellungen bekommen. Hierzu können wir beispielsweise Paarkurse oder eine Paarberatung aufsuchen, die von verschiedenen Trägern und Fachleuten angeboten werden.

Konflikte in der Partnerschaft können also zum einen durch die Art und Weise der Kommunikation entstehen, zum anderen aber auch dadurch, wie wir selbst als Person oder gemeinsam als Paar mit Problemen umgehen.

Probleme können aufkommen, wenn

- verschiedene oder gegensätzliche Wünsche, Interessen, Meinungen, Werte usw. aufeinandertreffen oder
- Stress oder Belastungen, z. B. Geburt eines Kindes, berufliche Veränderungen, finanzielle oder gesundheitliche Belastungen, von außen auf einen oder beide Partner einwirken.

Probleme und Konflikte müssen aber nicht entstehen bzw. sie können konstruktiv angegangen und ausgetragen werden, wenn die verschiedenen Positionen ausdiskutiert werden, zusammengearbeitet und gemeinsam eine Lösung gefunden wird. Konflikte gehören dazu. Konstruktiv ausgetragen, tragen sie dazu bei, uns weiterzuentwickeln. Auch hier können wir wie in Kapitel 3.3 angesprochen vorgehen.

Wenn es um Probleme und Konflikte geht, dann geht es nicht um Rechthaben und Schuld, das ist wenig zielführend und energieraubend, sondern das Problem ist da und sollte gelöst werden. Wir fokussieren uns vielmehr auf die Schritte, die uns voranbringen. Dazu analysieren wir zunächst das Problem und suchen dann nach unseren Einfluss- und Lösungsmöglichkeiten.

Was könnten wir alles tun, um das Problem zu lösen?
Welche Möglichkeiten haben wir, um zu reagieren?

Die verschiedenen Möglichkeiten werden auf der Sachebene gemeinsam ausdiskutiert und bewertet. Auch hier ist es wichtig, die individuellen Sichtweisen anzunehmen und dem Partner Raum zu geben. Belastungen und Freude in der Partnerschaft wirken sich auf beide Partner aus, und zwar ganz individuell. Der eine wächst an Belastungen und sieht sie als Herausforderungen, der andere wird von Belastungen schnell erdrückt.

So sehr wir Partner, Ehemann, Ehefrau sind, so ist doch gleichzeitig jeder von uns auch ein Individuum mit eigenen Wünschen, Bedürfnissen, Meinungen, Erwartungen … Das eine ist für den einen vielleicht nicht von Belang, für den anderen aber von enormer Bedeutung. Daher ist es auch essenziell, dass wir gegenseitig aufeinander Rücksicht nehmen, uns gegenseitig Raum geben und aufeinander zugehen. Weder sollten wir uns verbiegen noch sollten wir von unserem Partner nur verlangen, unsere Wünsche, unsere Bedürfnisse, unsere Meinungen und Erwartungen zu teilen bzw. zu erfüllen. Jeder hat seine eigene, individuelle Lerngeschichte. Jeder möchte der sein dürfen, der er ist. Wichtig sind nicht die einzelnen jeweiligen Wünsche, Bedürfnisse, Meinungen, Erwartungen, die uns unterscheiden. Wichtig ist unser Gesamtbild der Partnerschaft, d.h. ob wir uns aufeinander verlassen können, uns vertrauen können, wie sehr wir einander lieben … In unserer Unterschiedlichkeit können wir uns gegenseitig bereichern. Oftmals stoßen wir uns daran, dass der andere so anders ist. Doch häufig können wir dabei auch voneinander lernen. Es gibt oft mehrere Wege, mit Dingen umzugehen.

Bei der Suche nach einer Lösung geht es nicht darum, dass der eine sich durchsetzt und der andere zurücksteckt, dass man dem anderen seine Meinung aufzwingt oder gewinnen muss. Wenn wir uns ärgern und aufregen, wenn wir uns gegenseitig vergleichen und unserem Partner ständig aufzählen, vorhalten, was in der Vergangenheit alles schiefgelaufen ist, bringt uns das keinen Schritt weiter – im Gegenteil. Das wirkt sich auf Dauer negativ auf die Partnerschaft aus. Auch hier hilft es, auf Vergleiche, Beschuldigungen und Bewertungen zu verzichten (vgl. Kapitel 1.3). Wichtig ist der konstruktive Blick nach vorn! Es geht darum, dass wir positiv miteinander umgehen, wir gemeinsam und gleichberechtigt eine Lösung finden, in der sich beide repräsentiert fühlen, und sie damit auch gemeinsam tragen und dahinterstehen können.

Hierfür sollten wir beide Sichtweisen ergründen, um einen erweiterten Blick auf das Problem und die entsprechenden Lösungsmöglichkeiten zu erhalten. Es sind nicht immer

»Entweder-oder«-Lösungen, oft gibt es auch die Möglichkeit einer »Sowohl-als-auch«-Lösung.

Hilfreich ist es dabei, die einzelnen Lösungsschritte zu besprechen und konkrete Absprachen zu treffen. Global zu sagen: »Wir lösen das jetzt!«, ist wenig konkret. Wenn jeder dann denkt, der andere wird es lösen, oder es dann auf eine Weise löst, die dem anderen wenig zusagt, ist eine neue problematische Situation vorprogrammiert.

Wenn wir die Herausforderungen, die auf uns zukommen, gemeinsam bewältigen und uns gegenseitig stützen, stärken wir damit unsere Beziehung, unser Bild voneinander.

»Ich kann mich auf dich verlassen. Zusammen schaffen wir das.«

Auch hier ist es entscheidend, dass wir einander stützen, aber gleichzeitig auch die Kompetenz und die Autonomie des Partners fördern und ihm nicht alles abnehmen. Auf diese Weise erlernt er eigene Kompetenzen in dem Bereich und bleibt unabhängig.

Für eine Problemlösung ist es wichtig, dass wir versuchen, selbstverantwortlich mit unseren Problemen umzugehen und uns nicht hängenzulassen. Probleme verschwinden nicht, indem man sie wegignoriert oder sich selbst etwas vorlügt. Eingestehen, dass man ein Problem hat, ist ein erster Schritt in Richtung Problemlösung. Dies erleichtert oft auch die Kommunikation, weil der Partner dann den Hintergrund kennt und verstehen kann, wieso wir auf bestimmte Weise reagieren.

Und wir sind verantwortlich uns selbst gegenüber. Wir können nicht erwarten, dass unser Partner uns immer nur glücklich macht. Das sind Erwartungen, die für einen Partner sehr belastend sein können. Wir müssen uns auch selbst

Möglichkeiten schaffen, die erfüllend sind, ohne unseren Partner zu verletzen. Und wir sind verantwortlich uns selbst gegenüber in dem Sinne, dass wir auch eigene Bedürfnisse äußern und eigene Grenzen mitteilen.

Was sagt die Forschung zu Partnerschaft?

Betrachtet man die Partnerschaftszufriedenheit, so zeigt sich, dass diese zu Beginn der Partnerschaft hoch ist, sie aber mit der Zeit abnimmt.[10]

In Untersuchungen zur Partnerschaftszufriedenheit wird deutlich, »dass sowohl der Wahrnehmung von als auch dem Umgang mit Konflikten eine eminente Bedeutung für den Erfolg von Partnerschaften zukommt«.[11] Es zeigt sich dabei, »dass Offenheit sowie Intimität und Vertrauen schaffende kommunikative Prozesse«,[12] also wie positiv wir im Alltag miteinander umgehen, sich direkt auf die Partnerschaftszufriedenheit auswirken. Dadurch, dass eine solch positive Partnerkommunikation die Zufriedenheit steigert, hat sie eine »stabilisierende Wirkung«[13] auf die Partnerschaft. Destruktives Konfliktverhalten hingegen führt zu einer Zunahme der wahrgenommenen Konflikte und hat eine destabilisierende Wirkung.[14]

Hieraus wird deutlich, wie wichtig es für Partnerschaften ist, Kompetenzen in den Bereichen partnerschaftlicher Umgang, Kommunikation und Problemlösung zu fördern.

Verschiedene Ehevorbereitungs- oder Präventionsprogramme sowie Kommunikationstrainings, in denen diese Kompetenzen vermittelt werden, zeigen dabei positive Effekte.[15]

»Liebe ist Entscheidungssache.« Diesen Satz hat einmal ein Freund von mir gesagt. Die Bedeutung dieses Satzes wurde mir eigentlich erst im Laufe der Jahre so richtig bewusst. Liebe heißt, Verantwortung zu übernehmen für seine Lieben. Wegzulaufen oder sich hinter einer Mauer zu verste-

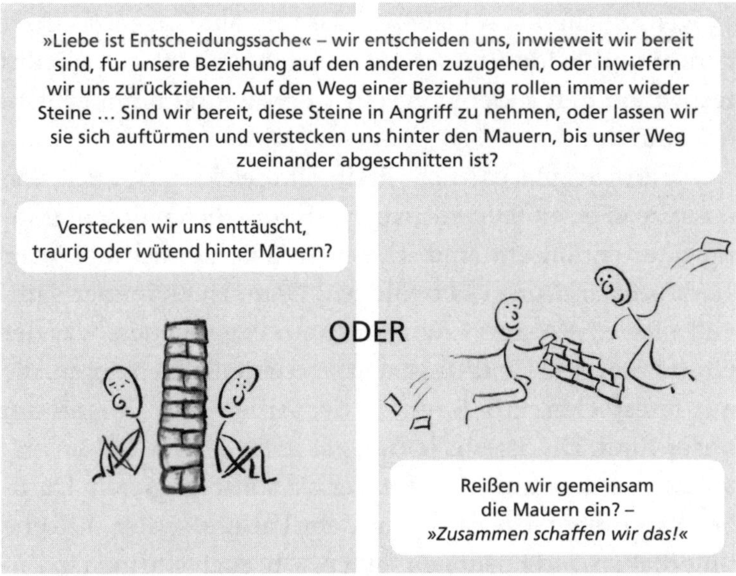

cken ist einfach – aber wirklich glücklich werden wir damit nicht. Sich für eine Beziehung zu entscheiden, bedeutet, sich der Besonderheit der Beziehung bewusst zu sein und sie wertzuschätzen, Veränderungen, Spannungen und Belastungen auszuhalten und gemeinsam bewältigen zu können, bei Streit aufeinander zuzugehen, wieder zusammenzufinden und gemeinsam an der Partnerschaft festzuhalten und zu arbeiten, sich Zeit füreinander zu nehmen und positive Erlebnisse zu schaffen.

Wenn das Zusammenleben unmöglich ist

»Liebe ist Entscheidungssache« bedeutet aber nicht, dass wir uns verbiegen sollen und an einer Beziehung festhalten müssen, egal was ist. Genauso wichtig ist es, persönliche Grenzen nicht zu ignorieren und diese dem anderen mitzuteilen. Es geht darum, Entscheidungen gemeinsam zu fällen, zu tragen und zu leben.

Kennzeichen von Liebe ist, dass sie auf Gegenseitigkeit beruht und beide Partner auf Augenhöhe verbindet. Jeder respektiert den anderen in seiner Person und nimmt Rücksicht auf ihn.

Natürlich gibt es auch Streit. Und es kommt auch vor, dass die »Fetzen fliegen«, wenn wir innerlich wütend, traurig oder enttäuscht sind. Diese Gefühle können z. T. sehr stark sein und uns überwältigen. Dann ist es immer sinnvoll, sich eine Auszeit zu nehmen und zu schauen, was der Grund für diese Gefühle ist. Oft sind es äußere Faktoren, die mit reinspielen, z. B. Stress in der Arbeit oder Sorgen um unser Kind. Das ist uns häufig gar nicht so bewusst im ersten Moment, wenn wir gereizter als sonst reagieren. Darüber kann man sich dann mit dem Partner später in Ruhe unterhalten und Lösungen finden, z. B. auch wie man in Zukunft in solchen Situationen besser miteinander umgehen kann.

Aber es gibt eben auch Situationen und Konstellationen, in denen eine Partnerschaft an eine Grenze gerät. Wenn uns eine Partnerschaft so belastet, uns die Kraft raubt und wir merken, dass sich trotz intensiver Bemühungen keine gemeinsame Ebene finden lässt, sodass uns dies im alltäglichen Leben einschränkt, dann wird es höchste Zeit, sich professionelle Hilfe zu holen. Beispielsweise bieten städtische und kirchliche Beratungsstellen in diesem Rahmen Hilfen an. Im positiven Fall ist der Partner bereit, sich gemeinsam Hilfe und Unterstützung zu holen, ansonsten ist es wichtig, dass wenigstens wir uns selbst an eine Fachperson wenden.

Verhaltensweisen unseres Partners, die uns in unserem Leben einschränken, müssen wir ihm deutlich signalisieren, darüber diskutieren und sie nicht einfach hinnehmen. Denn wenn wir unsere Grenzen nicht klarmachen, dann geben wir dieser Verhaltensweise unseres Partners Raum und Bestätigung und sie wird sich festsetzen und verstärken. Gewalt in der Partnerschaft ist ein Extrembeispiel. Dann ist die sofortige Eigenverantwortlichkeit gefragt, um unser Kind und auch sich selbst in Sicherheit zu bringen.

Es können Umstände eintreten, bei denen trotz verschiedener Lösungsversuche und trotz des Miteinbeziehens von Fachpersonen das Fortführen der Beziehung nicht möglich ist, z. B. wenn die Beeinträchtigung so groß ist, dass ein normaler Alltag nicht mehr lebbar ist. In diesem Fall müssen Entscheidungen folgen. Sofern möglich, sollte trotzdem versucht werden, einen positiven, respektvollen Kontakt zu halten – vor allem im Sinne der Kinder. Eine Trennung ist oft für jeden auf seine Weise schmerzlich und große Gefühle wie Wut, Enttäuschung, Angst, Traurigkeit können eine Rolle spielen, mit denen wir umgehen und sie erst »verdauen« müssen. Doch auch bei einer Trennung oder Scheidung können sich die vorherigen Partner gegenseitig unterstützen, jeder seine Verantwortung übernehmen und die Situation für die Kinder so gut wie möglich gestalten. Unsere Kinder sollten trotz allem im Mittelpunkt stehen und nicht hin- und hergezerrt oder instrumentalisiert werden. Gespräche mit unseren Kindern sind hierbei sehr, sehr wichtig, damit sie sich nicht unnötige Ängste und Sorgen machen und z. B. wissen, dass wir trotz einer Trennung immer noch Mutter und Vater sind und sich die Beziehung zu unserem Kind dadurch nicht ändert. Dafür sind wir Mutter und Vater.

6. Weite Horizonte

Albert Biesinger

Natürlich zeugen wir als Eltern unser Kind. Wir werden zur nächsten Generation. Biologisch wissen wir ziemlich viel über Zeugung, Schwangerschaft und Geburt. Wir wissen aber nicht, wer und wie dieses Kind sein wird. Sein unverwechselbares Gesicht, das wir nach der Geburt zum ersten Mal sehen, seine Stimme …

Vieles ist und bleibt ein großes Geheimnis. Wenn ein Kind ins Leben kommt, geht Gottes Plan mit seiner Menschheit in eine weitere, nächste Etappe. Diesem Geheimnis auf die Spur zu kommen – enträtseln lässt es sich nicht –, macht sich das Kapitel 6 dieses Buches zur Aufgabe.

6.1 Kinder als spirituelle Gabe und Aufgabe

In Ihrem Kind berührt Sie Gott

Ihr erstes Kind hat aus Ihnen eine Mutter oder einen Vater gemacht. Vorher waren Sie ein Mann und eine Frau – aber nicht Eltern. Unvergesslich sind für mich als Vater jene Augenblicke im Kreißsaal der Universitätsklinik in Freiburg, als ich zum ersten Mal in das neugeborene Gesicht unserer drei Söhne David, Manuel und Benjamin sehen konnte. Der eine hat sofort geschrien, der andere hat sich etwas Zeit gelassen. Jedes Gesicht war auf seine Weise eine Botschaft. Ich war gerührt – es hat mir Tränen in die Augen gedrückt.

Unvergesslich die Situation, als wir unsere Tochter Ingrid als damals zwölf Monate altes Pflegekind auf dem Arm ihrer leiblichen Mutter zum ersten Mal sahen.

Ein großes Geheimnis, wie es aus dieser höchst schwierigen Lage heraus zu einer solchen Zukunft kam – wir konnten sie später adoptieren, sie ist heute glückliche Mutter eines zweijährigen Sohnes.

Wenn Sie Gott sehen wollen – schauen Sie Ihrem Kind in die Augen. Ihr Kind ist Gottesberührung. Letztlich ist Gott der Schöpfer Ihres Kindes. Gott berührt Sie persönlich in Ihrem Kind.

Natürlich haben Sie Ihr Kind biologisch gezeugt. Aber hinter Ihrem Kind steckt ein großes Geheimnis. Wir Eltern wissen vor der Geburt nicht, wie das Kind aussehen wird, welche genetische Kombination es in sich trägt. Und wir wissen auch nicht, welche Bedeutung unser Kind für viele, viele Menschen haben wird.

Eine alltagstaugliche spirituelle Übung

Meditieren Sie Ihr Kind, wenn es friedlich in seinem Bett schläft.

Meditieren Sie Ihr Kind, wenn es Sie anlächelt oder mit Ihnen schmusen will.

Meditieren Sie Ihr Kind aber auch, wenn es sich in so manchen herausfordernden Situationen wehrt, sich trotzig durchsetzt oder aber herumschreit: »Du bist ein ganz blöder Papa!« All das und noch viel mehr gehört zu diesem großen Geheimnis.

Das große Geheimnis – »mein Kind«

Wenn uns unsere Kinder im Alltag »nerven«, denken wir an dieses große Geheimnis, das in unserem Kind steckt, möglicherweise nicht intensiv nach. Wenn wir manchmal an die Grenze kommen und nicht mehr wissen, wie wir manches mit dem Kind klären sollen, wird es uns auf andere Weise zu einem Geheimnis:

- »Was spielt sich denn gerade in meinem Kind ab, dass es so reagiert?«
- »Warum ist es denn derzeit traurig?«
- »Wird es gemobbt?«
- »Fühlt es sich übergangen?«

Unser eigen »Fleisch und Blut«

Unsere Kinder verdanken ihr Leben der Verschmelzung der Eizelle und Samenzelle von uns als Eltern. Wir haben keinen Einfluss, welche genetischen Informationen diese konkrete Samenzelle und diese Eizelle in sich bergen und welche Wirkung sie erzeugen.

Immerhin sind wir selbst ja auch das Ergebnis der Verschmelzung von Samenzelle und Eizelle unserer eigenen Eltern und die wiederum ihrer Eltern und ihrer vielen Vorfahren. Man kann weit, so weit zurückgehen, bis wir es denkerisch nur mehr abstrakt erfassen können.

Wir entstehen im Prozess der Evolution. Aber die Bedingung der Möglichkeit der Evolution ist angesichts der jüdisch-christlichen Verheißungen Gott selbst, der als der »Schöpfer« aller Wirklichkeit – des Universums, der Erde, der Pflanzen, der Tiere und eben auch *von* uns Menschen – die Möglichkeit unserer Existenz grundgelegt hat. Auch unser Kind ist im Prozess dieser nicht abgeschlossenen Schöpfung Gottes bei uns angekommen.

So manchmal hörte ich lieb gemeinte Aussagen wie »Ihre Tochter ist ja ganz der Vater« oder »Ihr Sohn ist ja ganz die Mutter«. Dies erinnert uns, dass in unseren Kindern etwas von uns selbst in die nächste Generation weitergegeben wird.

Damit unser Kind in dieser Schöpfung Gottes aufblühen kann, können wir ihm ganz viel dafür mitgeben. Wir können unser Kind durch eine kompetente spirituelle Begleitung von innen heraus stärken und ihm damit Grundvertrauen und Orientierung geben. Die Berührung mit Gott lässt es von innen her leuchten, es kann einen Sinn in seinem Leben entdecken und bekommt eine Kraft, für sich selbst einzutreten und anderen zu helfen.

6.2 Kinder spirituell begleiten und ihnen dadurch Grundvertrauen und Orientierung geben

Wie können wir Kinder spirituell begleiten?

Die Kommunikation mit Kindern bietet im Auf und Ab des Lebens verschiedene Intensitäten und spezifische Herausforderungen, z.B. wenn wir Kinder anhalten, ihre Hausaufgaben kompetent zu machen, sich rechtzeitig auf den Schulweg zu begeben und in ihrem Freundeskreis nicht unnötigen Streit zu entwickeln.

Es ist allerdings etwas anderes, ob wir uns am Morgen von unserem Kind mit einer Segensgeste – »Gott schütze dich« – verabschieden oder nicht. Und es ist etwas anderes, ob wir Kinder am Abend einfach ins Bett schicken – »Schlaf gut« – oder ob wir ihnen noch eine Geschichte vorlesen und mit ihnen noch einmal einen Tagesrückblick machen:

»Was war heute schön, was war nicht so schön?«

Unsere damals fünfjährige Tochter hat auf diese meine Frage abends an ihrem Bett sitzend spontan gesagt: »Lieber Gott, heute war es gar nicht schön. Der Moritz hat mich gehaut. Dann habe ich ihn auch gehaut. Schlaf gut, lieber Gott.«

Es ist nicht schwierig, Kinder alltagstauglich spirituell zu begleiten und ihnen damit eine Unterbrechung des Alltags zu ermöglichen angesichts von Aufstehen, in die Schule gehen, Essen, Hausaufgaben machen, Spielen, Schlafengehen und wieder Aufstehen. Dadurch entsteht ein Überschuss an Sinn – religionspsychologisch gesprochen ein »Sinn-Überschuss«. Der weltberühmte Religionspsychologe und Jesuitenpater Bernhard Grom hat in seinem in vielen Auflagen erschienenen Buch »Religionspsychologie«[1] eindrucksvolle Belege dafür vorgelegt.

Wer daran glauben kann, von Gott radikal geliebt zu sein, über den Tod hinaus bei ihm eine Zukunft zu haben, gewinnt eine große Verheißung für das eigene Leben. Ich muss ja nicht daran glauben, dass ich von Gott komme und zu Gott gehe, aber wenn ich dies glauben kann, habe ich »dazugewonnen«.

Wie entsteht »Grundvertrauen«?

Warum die einen Menschen mit einem so richtig satten Grundvertrauen ins Leben gehen (können) und andere sehr unsicher und fragil unterwegs sind, kann man nicht nur mit genetischen Grundlagen erklären. Wir Menschen sind nun einmal abhängig von der Zuwendung, Geborgenheit und vor allem von der Verlässlichkeit in Krisen, die uns von unserer familiären Situation mitgegeben oder vorenthalten werden.

In vielen Gesprächen habe ich gehört: »Für meinen Vater war ich nicht wichtig. Er hat sich nur für seinen Beruf interessiert.« »Ich hatte eine frustrierte Mutter, die ihre Frustration dauernd an mir abreagiert hat.« »Ich habe meine Freunde immer beneidet, wie positiv es bei ihnen zu Hause zugeht. Ich hätte mir dies auch sehr gewünscht.«

An den folgenden Beispielen können wir sehen, wie wir unsere Kinder positiv begleiten können:

- Kinder authentisch die Erfahrung machen lassen, dass sie als Persönlichkeit respektiert werden.
- Ihnen verlässlich ihre Grundbedürfnisse nach Nahrung, Pflege und kommunikativer Präsenz und Zuwendung erfüllen.
- Ihnen Mut machen, die entsprechend nächsten Schritte anzugehen – wie etwa gehen lernen, sprechen lernen, mit der Natur oder mit Tieren umgehen usw.
- Ihre Ängste ernst nehmen und sie trösten.
- Ihnen Grenzen setzen – angesichts von Gefahren, aber auch von kommunikativen Irrwegen.
- In Konfliktsituationen die Sache, um die es geht, thematisieren und nicht mit Liebesentzug reagieren. Um zu verdeutlichen, dass es um die Sache und nicht darum geht, dass wir unser Kind nicht mehr liebhaben, wenn es etwas anstellt, können wir beispielsweise sagen: »Du bist mein Lieblings-Michael, das weißt du. Und ich streite mit dir darüber, dass du dem anderen Kind nicht die Flöte auf den Kopf schlagen darfst. Du musst einen anderen Weg lernen, wie du dich wehrst und wie du Konflikte löst. Ich streite mit dir darüber gerade deswegen, weil du mein Lieblings-Michael bist.«
- Kindern Orientierung geben, gerade auch im Blick auf Ausdrücke und Schimpfworte, die einfach gar nicht gehen. Oft sprechen Kinder einfach das nach, was sie in der Kita oder in der Schule auf dem Pausenhof mitbekommen, ohne sich darüber klar zu sein, was das konkret bedeutet.
- Kinder stark machen, ihre eigene Meinung zu formulieren und sich entsprechend zu artikulieren.
- Nähe und Distanz einhalten.

- Diskutieren, dass das eigene Kind nicht allein auf der Welt ist und es sich nicht alles nur um den eigenen Sohn oder die eigene Tochter drehen kann.
- Gemeinsam anderen eine Freude machen, Freundschaften entwickeln und halten.
- Bei der Auswahl von Freundschaften mit überlegen und bisweilen sensibel intervenieren, wenn sich Gefährdungen abzeichnen.

Wie ist das mit dem »Grenzen setzen«?

Zunächst geht es nicht um Grenzen, sondern darum, den Lebensmut und die innere Kraft des Kindes zu eigenständigen Handlungen und zum Erwerb konkreter Kompetenzen und auch zu seinem eigenen Willen zu stärken.

Wenn man Kinder vorwiegend eingrenzt und ihnen nicht genügend Freiraum für ihre eigene Selbstrealisierung lässt, könnte es sein, dass man sie eher beschädigt als fördert. Sie ducken sich, werden ängstlich, können weniger spüren, dass sie selbst etwas bewegen, gestalten, verändern, entdecken und vor allem neugierig sein dürfen.

Schon wenn das Kind anfängt, im Wohnzimmer zu krabbeln, geht es an die Regale und versucht, die Gegenstände dort zu erkunden, ein Buch herauszuziehen, eine Vase zu verschieben, die dann möglicherweise in Scherben geht.

Schon früh geht es darum, die Umgebung des Kindes so einzurichten, dass es einerseits greifen, fühlen und entdecken kann, ohne aber dadurch in Gefahr zu kommen oder unnötig Gegenstände kaputt zu machen.

Pädagogisch ist es wichtig, Kinder zu stärken, sie positiv zu »verstärken«, wenn sie wünschenswertes Verhalten zeigen, oder sie zu loben, wenn sie schon etwas fertigbringen – z. B. beim ersten Krabbeln, beim An- und Ausschalten des Lichts, bei den ersten eigenständigen Schritten, den ersten

Worten oder Sätzen, den ersten gemalten Bildern oder beim Selbst-Telefonieren (vgl. Kapitel 2).

Aber wenn das Kind die Holzbausteinchen gegen das Fenster wirft, wenn es wütend alles vom Tisch zieht oder wenn es sich beim Einkaufen an der Kasse wütend schreiend auf den Boden legt, weil es die Süßigkeiten doch nicht bekommt, die dort demonstrativ ausgelegt sind, liegt es an uns, ihnen Orientierung und Grenzen zu geben.

Man tut Kindern nichts Gutes, wenn man alle ihre Wünsche erfüllt. Dies könnte ja heißen, das Kind stopft sich jeden Tag mit Schokolade zu, es tobt und schreit minutenlang, wenn es nicht das bekommt, was es gerade will.

Es ist eine Kompetenz für das spätere Leben, Grenzen einzuhalten (vgl. Kap. 3.2).

6.3 Kinder brauchen Spiritualität – große Verheißungen und jemanden, der an sie glaubt

Der folgende Text von Martin Gutl[2] bringt Verheißungen, die wir in einem Leben mit Gott erfahren können, ins Wort.

Er führt uns heim
nach Psalm 126

Wenn Gott uns heimführt
aus den Tagen der Wanderschaft,
uns heimbringt
aus der Dämmerung
in Sein beglückendes Licht,
das wird ein Fest sein!
Da wird unser Staunen
von neuem beginnen.

Wir werden Lieder singen, Lieder,
die Welt und Geschichte umfassen.
Wir werden singen, tanzen
und fröhlich sein:
denn Er führt uns heim:
aus dem Hasten in den Frieden,
aus der Armut in die Fülle.

Wenn Gott uns heimbringt
aus den engen Räumen,
das wird ein Fest sein!
Und die Zweifler
werden bekennen:
Wahrhaftig, ihr Gott tut Wunder!
Er macht die Nacht zum hellen Tag,
Er lässt die Wüste blühen!
Wenn Gott uns heimbringt
aus den schlaflosen Nächten,
aus dem fruchtlosen Reden,
aus den verlorenen Stunden,
aus der Jagd nach dem Geld,
aus der Angst vor dem Tod,
aus Kampf und aus Gier,
wenn Gott uns heimbringt,
das wird ein Fest sein!
Dann wird er lösen
die Finger der Faust,
die Fesseln, mit denen wir uns
der Freiheit beraubten.
Den Raum unseres Lebens
wird Er weiten
in allen Höhen und Tiefen,
in allen Längen und Breiten

Seines unermesslichen Hauses.
Keine Grenze zieht er uns mehr.
Wer liebt, wird ewig leben!

Wenn Gott uns heimbringt,
das wird ein Fest sein!
Wir werden einander umarmen
und zärtlich sein.
Es werden lachen
nach langen Jahren der Armut,
die Hunger gelitten.
Es werden singen
nach langen unfreien Nächten,
die von Mächten gelitten.
Es werden tanzen die Gerechten,
die auf Erden kämpften und litten
für eine bessere Welt!

Wenn Gott uns heimführt,
das wird ein Fest sein!
Den Verirrten werden die
Binden von den Augen genommen.
Sie werden sehen.
Die Suchenden finden endlich ihr Du.
Niemand quält sich mehr
mit der Frage »Warum?«
Es werden verstummen,
die Gott Vorwürfe machten.
Wir werden schauen,
ohne je an ein Ende zu kommen.
Wenn Gott uns heimführt,
das wird ein Fest sein!

Der Mensch sät in Betrübnis,
er leidet und reift!
Es bleibt sein Ende
ein Anfang!
Wer sät in Betrübnis,
wird ernten in Freude.
Denn Gott, unser Gott,
ist ein Gott der ewigen Schöpfung,
ein Gott,
der mit uns die neue Erde,
den neuen Himmel gestaltet.
Er lässt uns kommen und gehen,
lässt uns sterben und auferstehen.

Der Sand unserer irdischen Mühsal
wird leuchten.
Die Steine,
die wir zusammentrugen
zum Bau unserer Welt,
sie werden wie Kristalle glänzen.
Wir werden uns freuen
wie Schnitter beim Ernten.
Wenn Gott uns heimbringt
aus den Tagen der Wanderschaft,
das wird ein Fest sein!
Ein Fest ohne Ende!

Martin Gutl © Karl Mittlinger

Mit meinen eigenen Worten versuche ich es anders auszudrücken, wie Gott den Kontakt zu uns sucht und wie auch wir Berührung mit ihm finden können. Mit solch konkreten Bildern können wir dies auch unserem Kind erschließen:[3]

Ich habe ein Geheimnis – Gott in meiner Hand

Unsere Hände haben wir, um Kontakt aufzunehmen mit Menschen, mit Dingen, mit Nahrung, mit unserem Körper, mit anderen Körpern.

Beim Abendmahl gibt sich Jesus selbst in unsere Hände, in dem er selbst das Brot austeilt und sagt: Wenn ihr dies tut, dann bin ich real unter euch da.

Wir greifen nach ihm. Der Heiland der Welt berührt uns geradezu »körperlich«.

Geöffnete Hände sind ein Zeichen dafür, dass wir uns beschenken lassen wollen.

Wenn wir mit jemand Gemeinschaft suchen, geben wir die Hand – zumindest in unserem Kulturkreis. Wir verschränken nicht Arme und Hände, sondern strecken sie aus. Wir geben damit das Signal: Du bist mir wichtig, ich möchte mit dir zu tun haben.

Unsere Hände sind unverwechselbar, unsere Handlinien sind Ausdruck unserer Persönlichkeit.

Du bist interessant – Jesus schaut dich an

Wer bin ich, wenn mich niemand anschaut? – so hat es der Künstler Roland Peter Litzenburger auf den Punkt gebracht.

Wenn wir uns anschauen, nehmen wir uns gegenseitig ernst und wichtig.

Bei deiner Geburt war es für deine Eltern ein großes Erlebnis, dich zum ersten Mal anschauen zu können.

Du wurdest wahrgenommen, so wie du bist.
Und so wie du bist, bist du wichtig.

So schaut Jesus uns auch nicht nur oberflächlich im Vorbeigehen an. Er ist mit uns in innerer Verbindung und will uns begleiten: unser Leben lang und über den Tod hinaus. Für ihn bleiben wir immer interessant. Wir sind kein Zufallstreffer – wir sind von Gott gewollt und von ihm erschaffen.

Auch wir können auf diese Weise einen engen Kontakt zu unserem Kind herstellen. Wir können es anschauen, es beobachten und es in seiner ganzen Person wahrnehmen. Wir können ihm die Hand ausstrecken und es in unsere Arme schließen. Durch unsere Aufmerksamkeit und unsere Nähe können wir ihm ganz konkret zeigen, wie wichtig es uns ist, und es kann spüren, dass wir an unser Kind glauben.

Franz von Assisi (1181–1226) hat uns in seinem »Sonnengesang« ein Loblied auf Gott und die Schöpfung hinterlassen:[4]

»Höchster, allmächtiger, guter Herr, dein sind der Lobpreis, die Herrlichkeit und Ehre und jeglicher Segen. Dir allein, Höchster, gebühren sie, und kein Mensch ist würdig, dich zu nennen.

Gelobt seist du, mein Herr, mit allen deinen Geschöpfen, zumal dem Herrn Bruder Sonne; er ist der Tag, und du spendest uns das Licht durch ihn. Und schön ist er und strahlend in großem Glanz, dein Sinnbild, o Höchster.

Gelobt seist du, mein Herr, durch Schwester Mond und die Sterne; am Himmel hast du sie gebildet, hell leuchtend und kostbar und schön.

Gelobt seist du, mein Herr, durch Bruder Wind und durch Luft und Wolken und heiteren Himmel und jegliches Wetter, durch das du deinen Geschöpfen den Unterhalt gibst.

Gelobt seist du, mein Herr, durch Schwester Wasser, gar nützlich ist es und demütig und kostbar und keusch.

Gelobt seist du, mein Herr, durch Bruder Feuer, durch das du die Nacht erleuchtest; und schön ist es und liebenswürdig und kraftvoll und stark.

Gelobt seist du, mein Herr, durch unsere Schwester, Mutter Erde, die uns ernährt und lenkt und vielfältige Früchte hervorbringt und bunte Blumen und Kräuter.

Gelobt seist du, mein Herr, durch jene, die verzeihen um deiner Liebe willen und Krankheit ertragen und Drangsal. Selig jene, die solches ertragen in Frieden, denn von dir, Höchster, werden sie gekrönt werden.

Gelobt seist du, mein Herr, durch unsere Schwester, den leiblichen Tod; ihm kann kein Mensch lebend entrinnen. Wehe jenen, die in schwerer Sünde sterben. Selig jene, die sich in deinem heiligsten Willen finden, denn der zweite Tod wird ihnen kein Leid antun.

Lobet und preiset den Herrn! Danket und dient Ihm in großer Demut! Amen.«

Dass er uns ins Leben ruft, ist das Geschenk Gottes an uns.

Gott ist um uns herum

Gott ist um uns herum, ohne dass wir es dauernd bewusst wahrnehmen. In Pflanzen und Tieren, in Luft und Wasser entdecken wir unsere Umwelt. Sie ermöglicht uns, zu atmen, uns zu bewegen und uns zu ernähren. Mit den Nahrungsmitteln, die von unserer Erde, den Gärten, den Äckern und Wiesen, oder auch aus dem Meer stammen, hält uns Gott am Leben. Er hat Pflanzen und Tiere uns zur Freude und auch als Nahrung füreinander und für uns Menschen erschaffen. Die Ehrfurcht vor dem Lebendigen gebietet uns, mit Tieren und Pflanzen sorgsam umzugehen.

Aber wir leben nicht vom Brot allein. Wir brauchen Zuwendung, Aufmerksamkeit und Anerkennung in unserer Familie, in der Kita oder in der Schulklasse, im Freundeskreis und in der Jugendgruppe. Solche Beziehungen sind für uns wichtig. Davon leben wir. Und es ist sehr bedeutsam, welche Beziehungen wir haben und mit wem wir Beziehungen aufnehmen: ob die Menschen, mit denen wir leben, uns aufbauen oder uns schaden. Wenn ich in Beziehung mit Gott lebe, treffe ich eine weitreichende Entscheidung:

Meine Herkunft ist Gott, und meine Zukunft – bis über den Tod hinaus – ist Gott. Gott meint es gut mit uns. Er lässt uns auch dann nicht allein, wenn wir durch Leid hindurchgehen müssen. Leid gehört zu unserem Leben in dieser materiellen Welt. Wir sind Krankheit, Alterungsprozessen, Unfällen oder Attacken ausgeliefert. Gott umarmt uns immer, gerade weil es kein Leben ohne Krankheit und Leid gibt.

Jesus geht nicht weg, wenn es für uns Menschen kritisch wird. Ganzheitlich erleben wir das in der Emmausgeschichte (Lukas 24,13–27). Er begleitete seine Jünger nach seiner Auferweckung aus dem Tod auf dem Weg nach Emmaus, als sie ganz traurig waren:

> Am selben Tag gingen zwei, die zu den Jüngern von Jesus gehört hatten, nach dem Dorf Emmaus, das in der Nähe von Jerusalem entfernt lag.
>
> Unterwegs unterhielten sie sich über alles, was geschehen war. Als sie so miteinander sprachen und alles hin und her überlegten, kam Jesus selbst hinzu und ging mit ihnen. Aber sie erkannten ihn nicht; sie waren wie mit Blindheit geschlagen.
>
> Jesus fragte sie: »Worüber redet ihr denn so erregt unterwegs?«
>
> Da blieben sie stehen und blickten ganz traurig drein. Der eine, der Kleopas hieß, sagte: »Du bist wohl der Einzige in

Jerusalem, der nicht weiß, was dort in diesen Tagen geschehen ist?«

»Was denn?«, fragte Jesus.

»Das mit Jesus von Nazaret«, sagten sie. »Er war ein Prophet – in Worten und Taten hat er vor Gott und dem ganzen Volk seine Macht erwiesen. Unsere führenden Priester und die anderen Ratsmitglieder haben ihn zum Tode verurteilt und ihn ans Kreuz nageln lassen. Und wir hatten doch gehofft, er sei der erwartete Retter, der Israel befreien soll! Aber zu alledem ist heute schon der dritte Tag, seitdem dies geschehen ist! Und dann haben uns auch noch einige Frauen, die zu uns gehören, in Schrecken versetzt. Sie waren heute früh zu seinem Grab gegangen und fanden seinen Leichnam nicht mehr dort. Sie kamen zurück und erzählten, sie hätten Engel gesehen, die hätten ihnen gesagt, dass er lebt. Einige von uns sind gleich zum Grab gelaufen und haben alles so gefunden, wie es die Frauen erzählten. Nur ihn selbst sahen sie nicht.«

Das sagte Jesus zu ihnen: »Was seid ihr doch schwer von Begriff! Warum rafft ihr euch nicht endlich auf zu glauben, was die Propheten gesagt haben? Musste der versprochene Retter nicht dies alles erleiden und auf diesem Weg zu seiner Herrschaft gelangen?«

Und Jesus erklärte ihnen die Worte, die sich auf ihn bezogen, von den Tagen des Mose und der Propheten durch die ganzen Heiligen Schriften.

Als sie in dem Dorf angekommen waren, baten sie ihn: »Bleib doch bei uns, es ist spät und wird schon dunkel!« Jesus blieb und aß mit ihnen. Er nahm das Brot, dankte Gott, brach das Brot und gab es ihnen. Da endlich erkannten sie ihn, er aber war nicht mehr zu sehen. Sofort kehrten sie zu den anderen Jüngern nach Jerusalem zurück und erzählten von ihrer Begegnung mit dem auferstandenen Jesus und woran sie ihn erkannt hatten.

Gott in mir

Wie Tag und Nacht sich abwechseln, so wird es auch in unserem Leben nach hellen Zeiten manchmal dunkler. Aber Gott haut nicht ab, wenn es dunkel wird. Jesus hat geweint, als sein Freund Lazarus gestorben ist – Jesus selbst hat am Ölberg in Todesangst die Dunkelheit des Lebens erleiden müssen. Jesus hat zu Gott geschrien, als er sich verlassen fühlte.

Auch in unserem Leben kommt es uns so vor, wie wenn sich in der Nacht sogar noch der Mond hinter den Wolken versteckt und es stockdunkel wird. Auch wenn wir manchmal die Sonne nicht mehr sehen können, weil sich die Erde im Rhythmus von Tag und Nacht von ihr wegdreht, so bleibt die Sonne doch die Sonne und sie scheint weiter, auch wenn wir sie zeitweise nicht sehen können. Manchmal haben wir Menschen Tränen in den Augen, wenn jemand in der Familie oder von den Freunden und Freundinnen schwer krank wird und wir hilflos werden.

Manchmal verdecken die Tränen in den Augen unsere Sicht auf Gott so, dass wir meinen, Gott ist nicht mehr da. Aber: Gott haut nicht ab. Wir sehen ihn nicht oder können ihn gerade nicht mehr sehen, weil wir so tieftraurig sind. Sicher ist: Gott lässt uns gerade im Leid und in der Trauer nicht allein. Manchmal sehen wir mit Tränen in den Augen sogar mehr und Gott ist ganz nahe.

Jesus hat nie davon gesprochen, dass es ein Leben ohne Leid gibt. Er hat uns vielmehr davon erzählt, dass Gott eines Tages unsere Tränen trocknen wird. Die Trauer ist nicht das letzte Wort. »Selig sind die, die jetzt zwar trauern, sie werden getröstet werden.«

Manch dunkle Stunden, die wir Menschen erleben, müssten aber gar nicht sein. Oft machen wir uns gegenseitig selbst Ärger und Stress. Offen miteinander Probleme zu besprechen und sich zu verständigen, wie wir etwas miteinander besser regeln und gestalten, ist bereits ein Lichtblick im Alltag.

Dazu gehört auch, über den eigenen Schatten zu springen. Danke oder Entschuldigung zu sagen, ist schließlich nicht Schwäche, sondern eine Geste von Verbundenheit und Freundschaft. So wie die dunklen Wolken vor dem leuchtenden Mond wieder wegziehen, so kann ein gutes Wort und ein Händedruck nach einem Streit unser Leben wieder aufhellen.

Zu selbstgemachter Dunkelheit gehört auch, wenn wir sagen: »Ich habe keine Zeit.« Dies meint indirekt oft: »Ich habe für dich keine Zeit. Fürs Fernsehen habe ich schon Zeit, aber für dich habe ich (jetzt) keine Zeit.«

Was können wir konkret tun, um unser Leben heller zu machen?

Wir können miteinander sprechen und uns Gedanken machen:

»Was können wir gemeinsam in unserer Familie verändern, damit es weniger Streit gibt?«

»Wer in unserer Umgebung braucht gerade Trost, ein gutes Wort oder ein Bild, das du malen kannst?«

Spirituelle Verheißungen

Die folgenden vier Geschichten eignen sich gut, um Kindern zu zeigen, dass Gott als unser Vater und Jesus als unser Bruder immer für sie da ist und ihnen Kraft spendet. Sie zeigen aber auch, wie wir füreinander da sein können.

- *Gott in Licht und Dunkel sehen*

Wenn es uns gut geht, dann danken wir Gott ganz leicht, dass er uns liebt. In den fröhlichen Stunden sehen wir Gott besser. Im Licht fühlen wir uns Gott ganz nahe. Doch was wäre er für ein Gott, wenn er uns alleinließe, wenn es dunkel wird in unserem Leben. Er hat Jesus auch nicht allein gelassen, als es stockdunkel wurde im Ölgarten, als man ihn gefangennahm oder als er das schwere Kreuz den Berg hinauftragen musste und als er am Kreuz starb. Gott lässt uns Menschen, wenn wir sterben, wenn wir also in seine neue Welt hinübergehen, nicht allein.

Gott in Licht und Dunkel sehen: Was das konkret bedeutet, können wir an Hiob, einer großen Figur des Alten Testamentes, ablesen. Dieser Mann hatte sein Vermögen und alle seine Kinder verloren. Seine Herde mit vielen Schafen und Kamelen ist verendet. Jetzt sitzt er völlig verzweifelt in der Hitze der Mittagssonne. Erst langsam, Schritt für Schritt, erkennt er nach vielen Gesprächen mit seinen Freunden und mit Gott, dass Gott ihn auch in diesem, seinem großen Leid nicht alleinlässt. Am Ende seines verzweifelten Ringens mit Gott sagt Hiob: »Ich habe dich Gott in diesem meinem Leid von Angesicht zu Angesicht gesehen« (nach dem Buch Hiob/Ijob im 42. Kapitel, Vers 3).

- *Spuren im Sand*[5]

Eine alte Frau starb und begegnete im Himmel Jesus. Schon lange wollte sie einmal direkt mit ihm sprechen und von ihm endlich eine Antwort auf ihre großen Fragen erhalten.

»Wo warst du eigentlich, Jesus«, sagte sie, »als damals mein Mann von einem Auto überfahren wurde und ich mit meinen kleinen Kindern allein in der Welt stand? – Und wo warst du eigentlich, als dann später auch noch meine zehnjährige Tochter schwer krank wurde und ich nächtelang an ihrem Bett saß und Angst hatte, dass auch sie sterben wird?«

Jesus schaute die Frau lange schweigend an, nahm sie dann an die Hand, schaute auf die Erde hinunter und sagte zu ihr: »Komm her, schau hin, dort auf der Erde, wo du gegangen bist, siehst du die Spuren im Sand?«

Die Frau schaute genauer hin. Tatsächlich, sie sah die Spuren im Sand, daneben aber noch zwei weitere Fußspuren. Nach einiger Zeit hörten die zweiten Fußspuren auf. »Da«, sagte sie, »da ist es, damals ist mein Mann gestorben und du warst nicht mehr da.«

Bald darauf waren wieder vier Fußspuren im Sand zu sehen. Bald darauf aber nur wieder nur zwei. »Da, genau da warst du auch wieder nicht da, damals, als meine Tochter nächtelang mit dem Tod rang.«

Jesus schwieg. Als die Frau sich wieder beruhigt hatte, sagte er zu ihr: »Schau noch genauer hin. Da wo nur zwei Fußspuren zu sehen sind, sind das meine Fußspuren, denn als dein Mann starb und als deine Tochter mit dem Tode rang, da habe ich dich auf meinen Armen getragen.«

- *Jesus macht Ihr Kind stark*

Ein Text zum gemeinsamen Lesen mit Ihrem Kind:

Es ist wichtig, wen du zum Freund oder zur Freundin hast. Menschen, mit denen du in Beziehung stehst, prägen dein Leben. Du brauchst starke Freunde und Freundinnen. Keine, die mit der Faust zuschlagen, sondern solche, die zu dir stehen, die Streit mit Worten lösen können, auf die du dich verlassen kannst, weil sie es gut mit dir meinen. Mit ihnen kannst du offen sprechen. Sie verstehen auch deine Schwächen und Fehler. Bei ihnen kannst du so sein, wie du bist. Sie sind in deinem Herzen auch dann bei dir, wenn du sie gerade nicht siehst.

Oder auch wenn in einer Familie die Oma stirbt, dann wissen wir, dass sie auch noch da ist, wenn wir sie nicht mehr direkt sehen.

So ähnlich ist es auch mit Jesus und uns:

- Er zieht dich in die wärmende Energie Gottes, mit der Gott alles erschaffen hat.
- Er ist immer bei dir, auch wenn du ihn nicht siehst.
- Er sagt dir, dass du für ihn ganz einmalig bist und ohne Wenn und Aber erwünscht bist.
- Er macht dich stark, wenn du dich ihm anvertraust und zu ihm betest.

Jesus hat uns fest zugesagt, dass er bei uns ist – alle Tage bis ans Ende der Welt, auch wenn wir ihn nicht sehen. Jesus macht uns stark, jetzt und über den Tod hinaus. Mit ihm haben wir ewiges Leben.

- *Aber auch wir können füreinander Engel sein*

Ich habe Engel am Wege,

- die es gut mit mir meinen, auch wenn ich es manchmal nicht merke,
- die mir gut zureden, wenn ich mir etwas nicht zutraue,
- die mich trösten, wenn ich traurig bin,
- die mich korrigieren, wenn ich mich verrenne,
- die mir Hinweise geben, manches anders zu machen,
- die mir mit der Hand über den Kopf streicheln und sagen: »Rege dich nicht unnötig auf.«

> »Denn er befiehlt seinen Engeln,
> dich zu begleiten auf all deinen Wegen.
> Sie tragen dich auf ihren Händen, damit dein Fuß nicht an einen Stein stößt.« (Psalm 91, Verse 11–12)

Auch für Sie als Eltern ist Gott stets als Ansprechpartner da. In schwierigen Situationen können wir in uns hineinhören und spüren, dass Gott uns Kraft gibt und uns hilft, Lösungen zu finden.

Wir segnen einander

Dass wir überhaupt leben, ist ein Segen. Unser Leben kommt als Segen von Gott. Er hat uns Menschen über Millionen von Jahren erschaffen und uns auf dieser Erdkugel eine Heimat im Weltall gegeben.

Wenn wir einander segnen, drücken wir mit oder ohne Worte aus, dass uns Gott ganz nahe ist und uns nicht alleinlässt. Wir können uns segnen, wenn wir morgens aus dem Haus gehen: »Gott schütze dich!« Auch Kinder können ihre Eltern segnen.

Heute könntet ihr es einmal üben, euch gegenseitig zu segnen. Erfindet einen passenden Segensspruch, wenn ihr euch gegenseitig die Hand auf den Kopf legt oder euch ein Kreuzzeichen auf die Stirn macht. Vielleicht umarmt ihr euch.

6.4 Wie die Gottesbeziehung Kinder stark macht

Wie Kindern Religion guttut

Kinder sind noch nicht lange weg vom Urgrund ihrer Schöpfung. Sie sind noch nicht so sehr »eingetütet« in die Schubladen dieser Welt. Sie haben noch nicht die Wahrnehmungskategorien von uns Erwachsenen. Und vor allem: Kinder können querdenken. In ihren Phantasien ist (noch) fast alles möglich.

Aber es geht um mehr: Ihre Hoffnungen und Ängste, ihre Suche nach Schutz und Geborgenheit, der Wunsch nach Anerkennung – all dies betrifft die zwischenmenschliche Dimension, etwa im Blick auf die Eltern und später auch die Erzieherinnen. Zugleich gehen die damit verbundenen Bedürfnisse weit über alle menschlichen Möglichkeiten hinaus. Gerade wer mit kleinen Kindern zu tun hat, weiß um die Grenzen der menschlichen Möglichkeiten. Auch die in den Augen der Kinder vielleicht allmächtigen Erwachsenen sind nicht in der Lage, Kinder letztlich vor allem Schlimmen zu bewahren. Insofern tritt hier ganz deutlich vor Augen, dass die Frage nach einer »höheren Instanz« schon in den Lebenserfahrungen des Kindes angelegt ist.

Religiöse Bildung und Begleitung eröffnet den Zugang zu einer wichtigen Dimension des kindlichen Lebens. Wenn die Kinder etwas älter sind, machen sie selbst die nächsten Denkschritte, etwa mit ihren »großen Fragen«.

Was gewinnen Kinder – und Eltern – durch religiöse Bildung?

Das Fragenprofil in der Bildung ist speziell. Physik, Chemie oder Mathematik erschließen die Wirklichkeit auf ihre Weise. Religiöse Deutungen interpretieren die Wirklichkeit anders. Beides ergänzt sich. Religiöse Bildung erbringt einen Sinn-Überschuss.

Folgende Überlegungen von mir und Friedrich Schweitzer aus dem Buch »Religionspädagogische Kompetenzen. Zehn Zugänge für pädagogische Fachkräfte in Kitas«[6] können dies auch für Sie als Eltern verdeutlichen.

Kinder haben ihre eigenen Fragen:

- Warum bin ich auf der Welt, wenn ich sowieso mal sterben muss?
- Wann hat die Erde angefangen und wann hört sie wieder auf?
- Ist es im Himmel schöner als auf der Erde?
- Komme ich von Gott – gehe ich zu Gott?
- Kommt meine Katze in den Himmel?
- Straft Gott böse Menschen?

- Warum werden wir krank?
- Wie alt ist Gott?

Aus der Alltagskommunikation mit Kindern sind es folgende fünf Kernfragen:
- die Frage nach Tod und Sterben
- die Frage nach Gott
- die Frage nach mir selbst und meiner Identität
- die Frage nach richtigem Handeln und Verhalten
- die Frage nach dem Gott der anderen[7]

Kinder mit solchen Fragen alleinzulassen, ist pädagogisch fragwürdig. Alle diese Fragen können natürlich auch eine nicht religiöse Antwort finden – aber gerade für Kinder geht es vielfach um mehr: »Sie wollen nicht nur hören, dass die Toten in einen Sarg gebettet und dann begraben werden – wobei auch ein solches Fachwissen für sie wichtig ist. Sie wollen darüber hinaus wissen, was mit den Toten geschieht, ob es ein Leben nach dem Tod gibt und wo die Toten hingehen.«[8]

> »Die Kinderrechtskonvention der Vereinten Nationen von 1989, das bislang wichtigste Dokument zu Kinderrechten überhaupt, spricht in Art. 27 davon, dass Kinder ein Recht auf Unterstützung in ihrer physischen, psychischen und geistigen Entwicklung haben. Dem englischen und französischen Originaltext zufolge geht es bei der ›geistigen‹ Entwicklung eigentlich um die *spirituelle* Entwicklung des Kindes. Kinder haben ein *Recht auf Religion und religiöse Begleitung*! In der Religionspädagogik wird dies auch so ausgedrückt, dass die Seele des Kindes genauso Nahrung braucht wie sein Körper. Zugespitzt geht es darum, ›Kinder nicht um Gott zu betrügen‹.«[9]

Friedrich Schweitzer hat in seinem Buch »Das Recht des Kindes auf Religion. Ermutigungen für Eltern und Erzieher«[10] entschieden auf die UN-Kinderrechtskonvention hingewiesen.

Aus der UN-Kinderrechtskonvention sind die Art. 14 und 27 besonders bedeutsam:

Art. 14 zur Gedanken-, Gewissens- und Religionsfreiheit formuliert in dem Abschnitt

(1) die Vertragsstaaten achten das Recht des Kindes auf Gedanken-, Gewissens- und Religionsfreiheit.

Art. 27 zum Bereich angemessene Lebensbedingungen, Unterhalt formuliert:

(1) die Vertragsstaaten erkennen das Recht jedes Kindes auf einen seiner körperlichen, geistigen, seelischen, sittlichen und sozialen Entwicklung angemessenen Lebensstandard an.[11]

Der Blick in den englischen Originaltext, der sich anders als die deutsche Übersetzung nicht nur auf die geistig-seelische, sondern auch auf die spirituelle Entwicklung bezieht, betont ausdrücklich, dass es um einen adäquaten Lebensstandard für die physische, mentale, spirituelle, moralische und soziale Entwicklung des Kindes gehen muss.[12]

Indem wir unserem Kind dieses Recht auf eine spirituelle Begleitung erfüllen, eröffnen wir ihm neue Wege und weite Horizonte und Einsichten. Es kann seine eigenen Antworten auf seine Fragen finden. Wir geben ihm auf diese Weise Kraft und Widerstandsfähigkeit für sein Leben mit.

In verschiedenen Untersuchungen ist geklärt worden, wovon die Widerstandsfähigkeit eines Menschen abhängig ist.[13] Offenbar gehört auch Religion zu den Faktoren, die das Kind stärken. Die Amerikanerin Emmy E. Werner belegt, dass eine religiöse Überzeugung ebenfalls ein Schutzfaktor im Leben von Risikokindern ist. »Sie gibt den widerstandsfähigen Jungen und Mädchen Stabilität, das Gefühl, dass ihr Leben Sinn und Bedeutung hat, und den Glauben, dass sich trotz Not und Schmerzen die Dinge am Ende richten werden.«[14]

Für die religionspädagogische Diskussion sind besonders die Bedeutung von Symbolen und religiösen Hoffnungsperspektiven relevant.

Religiöse Symbole und Bilder

- tragen zur Auseinandersetzung mit Grundkonflikten und Grundambivalenzen des Lebens bei, indem sie diese tragbar und ein Stück weit bearbeitbar machen. So können religiöse Menschen angesichts der Todessituationen Verstorbene Gott anvertrauen und nach ihrem Tod weiter mit ihnen durch Gebete kommunizieren.
- unterstützen die Ausbildung von Hoffnung und Lebenszuversicht auch angesichts schwieriger Lebenserfahrungen.
- können als verdichtete Darstellungen von Trost und Geborgenheit die Persönlichkeitsentwicklung unterstützen – nicht nur als äußere Bilder, sondern auch als innere Vorstellung (Zusammenhang von Wort und Bild).
- geben Grunderfahrungen zwischen Angst und Hoffnung, Zuversicht und Verzweiflung eine Sprache und helfen dem Kind, elementare Gefühle und Erlebnisse zum Ausdruck zu bringen.

Gerade wenn religiöse Symbole und Bilder so relevant sind, ist es umso wichtiger, dass sie nicht negativ einschränkende Inhalte haben. Es sollten auf keinen Fall angstmachende Gottesbilder vermittelt werden.[15] »Religiöse Symbole und

Bilder bedürfen deshalb der religionspädagogischen Begleitung, bei der es in diesem Falle auch auf eine Korrektur der für das Kind schädlichen Vorstellungen ankommt.«[16] Wenn wir mit Kindern reden, können wir ihnen aufbauende Gottesbilder erschließen und verhindern, dass sie Vorstellungen entwickeln, die ihnen Angst machen.

Eltern können im Blick auf den Zusammenhang zwischen religiöser Bildung und Resilienz auf folgende Aspekte achten:

- Wirklichkeit konstruieren und entdecken setzt Vertrauen und Hoffnung voraus.
- Bildung entsteht durch Anerkennung unserer Person durch andere. Dies lässt sich erweitern: Gott anerkennt uns, indem er uns erschaffen hat und uns durch unser Leben begleitet.
- Das kindliche Selbst, das sich durch Phantasie und Selbstentwürfe bilden soll, braucht Geschichten.

Tut Religion Kindern immer gut?

Leider kann man nicht davon ausgehen, dass religiöse Erziehung Kindern in allen Fällen guttut. Viele Jugendliche und Erwachsene haben im Blick auf ihre eigene Kindheit ihre religiöse Bildung in der Familie, im Kindergarten, in der Schule oder in der Kirchengemeinde nicht nur als förderlich erlebt. Die Zeiten, in denen angstmachende Gottesbilder vermittelt wurden, sind in den beiden großen christlichen Kirchen allerdings bis auf wenige Ausnahmen vorbei.

Im christlichen Gottesbild wird Gott als Liebe und Heilung, als Hoffnung und Überwindung des Todes verstanden. Dies kann Einfluss nehmen auf die Persönlichkeitsentwicklung von Kindern. Dabei ist die Qualität der Kommunikation ausschlaggebend: Welche Sinnorientierung erschließen wir in der religiösen Bildung? Was geschieht dabei mit Blick auf Welt und Umwelt, mit Blick auf die eigene Existenz? Es ist ein deutlicher Unterschied, ob Kinder lernen, ihr Leben auf die Ebene mit Gott hin zu öffnen – oder ob sie für diese Dimension nicht sensibilisiert werden.

Kinder, die vertrauensvoll lernen, zu Gott zu beten, ihre Alltagsprobleme, Sorgen und Nöte mit Gott zu besprechen, aber ihm auch für schöne Erfahrungen und Erlebnisse zu danken, erschließen eine andere Qualität von Wirklichkeitsdeutung als Kinder, denen diese Ebene verschlossen bleibt.

Wenn man Kinder als suchende, sich ihre Wirklichkeit Schritt für Schritt erschließende Menschen versteht, dann geht es vor allem darum, sie in ihrem Suchprozess zu unterstützen, ihnen Lernanregungen zu geben und ihnen Kommunikationsräume zu eröffnen.

Es ist notwendig, eine spezifische religionspädagogische Qualität anzustreben, wenn man möchte, dass Religion Kindern guttut:

Es geht zunächst darum, die Kinder auf der Ebene ihrer Wahrnehmungsmöglichkeiten, mit ihrer Neugierde und ihren ganz offenen Denkmöglichkeiten zu würdigen – und auf dieser Basis die weiteren Schritte der Kinder zu begleiten. Kinder nehmen Denkanstöße gern auf, setzen sich bereitwillig mit neuen Gedanken auseinander, wenn sie sich in ihrem Suchen ernst genommen fühlen.

Dann können auch negative Erfahrungen wie Verlassenheit, fehlende Geborgenheit und Zerrissenheit mit Geschichten und Bildern aus der Bibel in Verbindung gebracht werden. Schließlich geht es um eine Grundstruktur menschlicher Lebensmöglichkeiten und um die göttliche Zusage der biblischen Geschichten, die Mut machen und Identifikationsmöglichkeiten bieten.

So ist die Geschichte des Zöllners Zachäus, der ein kleiner Mensch war und deswegen auf einen Baum klettern musste, um Jesus aufzufallen, gerade bei jüngeren Kindern besonders beliebt. Wenn sie sich mit Zachäus identifizieren, so erleben sie ganz intensiv die Botschaft: Wenn es dir nicht gut geht, wenn die anderen dich nicht mögen, dann kannst du trotzdem sicher sein:

– Jesus mag dich.

– Bei Jesus sitzt du mit am Tisch und bei ihm bist du richtig.

– Jesus gibt jedem eine Chance – auch eine zweite.

Ebenso hilfreich ist die Geschichte vom verlorenen Sohn. Die Botschaft der Bibel, dass uns Gott immer nahe ist, dass uns Gott in allen Lebenslagen beisteht und uns verzeiht, wenn wir zur Umkehr bereit sind, ist ebenso Hoffnung machend wie die Persönlichkeit stärkend.

Auch Fragen wie »Warum müssen wir sterben?« oder »Wohin gehen die Menschen, die tot sind?« können nicht ohne religiöse Vorstellungen kompetent beantwortet werden. Es ist aber eine Mut machende Botschaft, wenn ein Kind daran glauben kann, dass Menschen, die gestorben sind, bei Gott weiterleben – wie auch immer ein Kind sich dies dann vorstellt: als leuchtender Stern am Himmel, als Engel … Der Glaube an ein Leben über den Tod hinaus ist schließlich die Kernbotschaft von Judentum, Christentum und Islam. Und damit ist auch die interreligiöse Bedeutung dieser grundlegenden Themen unterstrichen.[17]

Wenn Kinder große Fragen stellen – und wir als Eltern auch

Wir können unsere Kinder religiös begleiten, indem wir mit ihnen über die Fragen reden, die sie stellen. Dazu müssen wir nicht theologisch gebildet sein.

Was können wir tun, wenn unser Kind mit einer konkreten Frage auf uns zukommt? Wir können uns überlegen, was wir ihm sagen und wie wir ihm das so sagen, dass es kindgerecht und verständlich ist. Die Worte, die wir verwenden, sollten nicht zu schwierig sein. Deshalb nehmen wir Wörter, die auch unser Kind benutzt. Wörter, die es noch nicht versteht, können wir ihm einfach erklären.

So können wir ihm z. B. die Rituale eines Gottesdienstes in einfachen Worten erschließen, damit es sie versteht und den Sinn darin entdeckt. Auf diese Weise bekommt es einen Zugang zu dem, was in einer Messe passiert, und es wird für unser Kind interessant, wenn es Dinge zuordnen kann. Wenn das Kind z. B. fragt, was eine Eucharistiefeier ist, können wir ihm sagen, dass wir damit Gott danken und uns daran erinnern, wie Jesus bei seinem letzten Abendmahl vor seinem Tod mit seinen Freunden Brot und Wein geteilt hat und wie sie Gemeinschaft miteinander und mit Gott gefeiert haben.

Ganz wichtig ist, dass wir unserem Kind mit unseren Erklärungen keine Angst machen. Wenn es beispielsweise Fragen zum Tod stellt und wir ihm erläutern, dass Menschen sterben, wenn sie krank oder alt sind oder einen Unfall haben, dann ist es für Kinder auch wichtig zu wissen, dass nicht jeder gleich stirbt, der eine Krankheit oder einen Unfall hat. Dies kann ansonsten zu unnötigen Ängsten und Sorgen führen. Unsere Erklärungen sollten vor allem positive Aspekte, die Trost und Hoffnung geben, beinhalten. Sehr tröstlich kann im Fall des Verlustes eines geliebten Menschen der Glaube an das Leben nach dem Tod sein. Und wir können unser Kind damit trösten, dass die Person bei Gott, aber auch in unserem Herzen weiterlebt. Gespräche helfen ihm, schwierige Situationen zu verarbeiten und einen offenen, positiven Umgang zu erlernen. Auch Rituale wie ein Besuch am Grab oder in der Kirche, um eine Kerze anzuzünden, können unserem Kind helfen, wenn es das von sich aus gern macht.

Wenn unser Kind mit Problemen zu uns kommt, können wir ihm auch Geschichten aus der Bibel erzählen, die ihm in seiner Situation weiterhelfen und es spüren lassen, was man tun kann, wenn man in Situationen kommt, in denen man nicht mehr weiterweiß. Denn Geschichten regen dazu an, uns Gedanken über Situationen zu machen und kreative Lösungen und Antworten zu finden.

Ganz konkret bietet sich dazu für Eltern und Kinder das Buch »Meine Erstkommunionbibel«[18] von Albert Biesinger & Sarah an. Hier finden Kinder Geschichten und Anregungen zu verschiedenen Themen. Je nach emotionaler Situation kann man dazu gemeinsam diese oder jene Geschichte aus der Bibel lesen, z. B. »Wenn ich wütend bin«, »Wenn ich traurig bin«, »Wenn ich mich frage, warum Menschen leiden«.

Bei der Auswahl der Geschichte können wir Bezüge zu unserem Kind herstellen und versuchen, das herauszuarbeiten, was ihm in seiner konkreten Situation weiterhilft, z. B. dass es uns guttut, wenn man nach einem Streit wieder das Gespräch mit dem anderen sucht. Hilfreiches, Positives, Motivierendes mit dem Leben unseres Kindes zu verknüpfen, kann ihm Kraft und Mut geben und es spüren lassen, dass der Glaube konkret mit ihm zu tun hat, also lebensnah ist.

Aber: Kein Stress

Auch wir Eltern stellen uns den großen Fragen und haben nicht auf jede Frage eine Antwort. Doch wir können uns mit diesen Themen eigenständig auseinandersetzen und dadurch im Dialog mit unserem Kind Wegbegleiter sein.

Gerade auch, wenn wir als Eltern selbst Zweifel und eben gerade keine Antworten haben: Manchmal müssen wir gemeinsam mit unseren Kindern Gott entgegenzweifeln. Auch wer zweifelt, ist in der Gottesbeziehung.

7. Zusammenfassende Ausblicke

ALBERT BIESINGER · JULIA BIESINGER

Unser Kind braucht ganz viel Liebe von uns. Wir können eine tiefe Bindung zu ihm aufbauen und diese erhalten, indem wir feinfühlig auf unser Kind reagieren, wertschätzend mit ihm umgehen und offen und auf Augenhöhe mit ihm kommunizieren.

Es hat ein Bedürfnis nach Kompetenz, nach Autonomie und nach sozialer Zugehörigkeit, wofür wir ihm einen Erfahrungsraum geben können. Unser Kind sammelt verschiedenartige Erfahrungen in seiner Entwicklung und bekommt immer mehr Sicherheit in verschiedenen Bereichen. Wir können sein Explorationsverhalten unterstützen und ihm Raum geben, sich als kompetent und möglichst selbständig zu erleben. Wir können unser Kind stärken, indem wir ihm in seiner Person und seinem Tun Aufmerksamkeit schenken und ihm helfen und vorleben, kompetent und konstruktiv mit möglichen Problemen umzugehen. Es weiß, dass es wichtig ist, sich für die eigene Person einzusetzen, seine Grenzen, seine Meinung und seine Bedürfnisse selbstbewusst zu äußern. Es spürt, dass es sich auf sich, seine Fähigkeiten, die Welt und seine Mitmenschen verlassen kann. Es entwickelt Grundvertrauen.

Wir stärken unser Kind nicht nur, indem wir ihm genügend Entfaltungsraum, sondern auch indem wir ihm ausreichende Grenzen geben, denn damit geben wir ihm Halt und Orientierung. Wir können es lenken, bevor es in eine falsche Richtung geht, und alternative Verhaltensweisen mit ihm besprechen und üben. Regeln und Werte verinnerlicht unser Kind am besten, wenn wir es bei den Regeln einbeziehen und es sie als sinnhaft begreifen kann. Wenn wir unserem Kind viel Zuwendung, Unterstützung, emotionale Wärme und Anteilnahme geben und spüren lassen, es gleichzeitig lenken und aufmerksam sind, indem wir sein Leben strukturieren, Grenzen setzen, Ansprüche stellen, es fordern und fördern, begegnen wir unserem Kind autoritativ und es kann sich positiv entwickeln.

Unser Kind ist ein einzigartiges Wesen. Anlage und Umwelt, aber auch unser Kind selbst wirkt auf seine Entwicklung mit ein. Jeder von uns nimmt seine Umwelt auf eigene Weise wahr, bewertet Dinge auf seine Art und macht sich sein ganz eigenes Bild von der Welt. Wir lernen aus den Erfahrungen, die wir in unserem Leben machen. Unser Gehirn ist lebenslang in der Lage, sich an die Umwelt anzupassen. Neue, wiederkehrende Erfahrungen können uns in unserer Person verändern und auch wir können mit Hilfe von neuen Denkweisen unsere Gefühle und unser Verhalten verändern. Wir als Eltern können unserem Kind ein positives Bild von sich und der Welt vermitteln. Damit stärken wir unser Kind.

Es ist dabei wichtig, dass wir uns auch selbst als Eltern stärken, damit wir unserem Kind Grundvertrauen und Orientierung geben können. In Belastungssituationen können wir unsere subjektiven Einstellungen und die objektiven Gegebenheiten durchleuchten und dadurch aktiv Wege finden, um die Dinge kompetent anzugehen. Wir können die Kommunikation und Offenheit in unserer Partnerschaft fördern, indem wir unserem Partner das Gefühl geben, dass wir ihn so annehmen, wie er ist, dass wir bereit sind, ihm feinfühlig zuzuhören, und dass wir auch bereit sind, uns selbst mitzuteilen und eigene Wünsche, Erwartungen oder Grenzen in der Partnerschaft klar auszudrücken und damit für uns selbst einzustehen. Hierfür können wir an unseren Kommunikationsfähigkeiten arbeiten und achtsam miteinander umgehen. Und es hilft uns eigene Bilder zu hinterfragen. Wir können Probleme und Konflikte gemeinsam, fair und gleichberechtigt lösen, indem wir konstruktive, konkrete Wege zur Problemlösung beschreiten.

Dass Gott als Schöpfer Ihres Kindes Ihnen in ihm ganz nahekommt, ist eine große Verheißung.

Gerade auch in den Sorgen des Alltags Gott in »alltagstauglichen« Ritualen wahrzunehmen, um somit den Alltag zu entschleunigen, die Kommunikation zu stabilisieren und dadurch Grundvertrauen zu spüren, gehört zu einer Spiritualität für Eltern.

Gerade Eltern brauchen »spirit«, aus dem heraus sie mit ihren Kindern kommunizieren, sie aufbauen, ihnen Grenzen setzen und im Horizont der Gotteskraft Orientierung geben.

Wie Gott in die Familie kommt?
Er ist doch schon da, aber wir müssen es natürlich auch merken, dass Er schon da ist!

Grundvertrauen und Orientierung

- positive, liebevolle, feinfühlige, offene Beziehung und Kommunikation fördern und leben
- Erfahrungsraum geben: Unterstützung der Bedürfnisse nach Kompetenz, Autonomie, sozialer Zugehörigkeit
- sinnvoll Grenzen setzen und damit Halt und Orientierung bieten
- konstruktiven Problemumgang fördern und leben
- Lern- und Erfahrungsprozesse beachten
- als Eltern unser Kind, unsere Partnerschaft und uns selbst stärken
- kindgerechte spirituelle Begleitung ermöglichen

Das Grundvertrauen und die Orientierung, die wir als Eltern unserem Kind auf diese Weise mitgeben können, helfen ihm, selbstbewusst ins Leben zu gehen, und geben ihm das Wissen und die Handlungsmöglichkeiten an die Hand, um mit möglichen Problemen, Sorgen, Ängsten umgehen zu können. Und unser Kind ist in der Lage, die Kompetenzen aufzubauen, die es in diesem Leben braucht. Wir können es motivieren, neugierig aufs Leben zu sein, sich mit Dingen auseinanderzusetzen, sich eine differenzierte Sichtweise zu verschaffen und emotionale und soziale Kompetenzen zu entwickeln. Wir können es in seiner Person stärken.

Wir als Familie können gemeinsam positive Erlebnisse schaffen, die unsere gegenseitige Beziehung stärken. Sie tun uns gut und stärken uns von innen.

Um unser Bild vom Anfang nochmal aufzugreifen: Um unserem Kind Grundvertrauen und Orientierung mit ins Leben zu geben, dafür können wir ein offenes Auge auf unser Kind haben, ihm ein offenes Ohr und unsere Aufmerksamkeit schenken, wenn es Dinge erlebt oder ihm etwas auf der Seele liegt. Wir können ihm unsere Liebe mit unserem großen Herz schenken, ihm einfühlsam, feinfühlig, empathisch begegnen und ihm eine Hand reichen und es in den Arm nehmen, wenn es Trost oder unsere Unterstützung braucht. Wir können ihm mit unserem Bild davon, was wir ihm vermitteln wollen, all das mitgeben.

In diesem Sinne laden wir Sie ein, *Ihr Bild* konkret umzusetzen, damit Ihr Kind es spüren und erleben kann. Erst durch Ihre Haltung, die Sie Ihrem Kind entgegenbringen, erst dadurch, wie Sie sich ihm gegenüber verhalten und es begleiten, wird dieses Bild greifbar und in Ihrem Kind etwas bewirken. Beobachten Sie sich selbst und beobachten Sie Ihr Kind. Genießen Sie die spannende Zeit der Entwicklung Ihres Kindes und Ihren gemeinsamen Weg! Schaffen Sie sich einen Vorrat für die Seele und schnappen Sie sich die vielen einzigartigen und wundervollen Momente mit Ihrer »Herz-Kamera«!

Literatur

Arranz Becker, O., Rüssmann, K. & Hill, P. B. (2005): Wahrnehmung und Bewältigung von Konflikten und die Stabilität von Partnerschaften. Zeitschrift für Familienforschung, 17 (3), S. 251–278.

Atkinson, J. W. (1957): Motivational determinants of risk-taking behavior. Psychological Review, 64 (6), S. 359–372.

Bandura, A. (1977): Social learning theory. Englewood Cliffs, NJ: Prentice-Hall.

Baucom, D. h., Hahlweg, K., Atkins, D. C., Engl, J. & Thurmaier, F. (2006): Long-term prediction of marital quality following a relationship education program: being positive in a constructive way. Journal of Family Psychology, 20 (3), S. 448–455.

Biesinger, A. & Hessler, T. (2001): Gott mit neuen Augen sehen. Das Familiengeschenkbuch zur Erstkommunion. München: Kösel (leider bereits vergriffen).

Biesinger, A. & Kohler-Spiegel, H. (Hrsg.) (2011): Woher, wohin, was ist der Sinn? Die großen Fragen des Lebens. Kinder fragen – Forscherinnen und Forscher antworten. München: Kösel.

Biesinger, A. (2012): Kinder nicht um Gott betrügen. Warum religiöse Erziehung so wichtig ist (15. Aufl.). Freiburg: Herder.

Biesinger, A. & Schweitzer, F. (2013): Religionspädagogische Kompetenzen. Zehn Zugänge für pädagogische Fachkräfte in Kitas. Freiburg: Herder.

Biesinger, A. & Biesinger, J. (2016): Wenn die Enkelkinder nach Gott fragen. Eine Ermutigung für Großeltern. Stuttgart: Camino.

Biesinger, A. (2016a): Ermutigungen aus der Religionspädagogik. In: A. Biesinger & J. Biesinger, Wenn die Enkelkinder nach Gott fragen. Eine Ermutigung für Großeltern (S. 15–70). Stuttgart: Camino.

Biesinger, J. (2016b): Ermutigungen aus der Psychologie. Durch offene und positive Kommunikation drei Generationen verbinden. In: A. Biesinger & J. Biesinger, Wenn die Enkelkinder nach Gott fragen. Eine Ermutigung für Großeltern (S. 73–151). Stuttgart: Camino.

Biesinger, A. & Sarah; in Zusammenarbeit mit Fritsch, M. (2015): Meine Erstkommunionbibel. Ostfildern: Patmos.

Bierhoff, H.-W. & Rohmann, E. (2010): Psychologie des Vertrauens. In: M. Maring (Hrsg.), Vertrauen – zwischen sozialem Kitt und der Senkung von Transaktionskosten (S. 71–89). Karlsruhe: KIT Scientific Publishing.

Bodenmann, G., Meyer, J., Ledermann, T., Binz, G. & Brunner, L. (2005): Partnerschaftszufriedenheit in Abhängigkeit der Ehedauer. Schweizerische Zeitschrift für Soziologie, 31 (2), S. 343–362.

Bodenmann, G. & Kessler, M. (2011): Präventionsprogramme für Paare – Methoden und Wirksamkeit. Familiendynamik, 36 (4), S. 346–355.

Bowlby, J. (2008): Bindung als sichere Basis. Grundlagen und Anwendungen der Bindungstheorie. München: Reinhardt.

Brummelman, E., Thomaes, S., Orobio de Castro, B., Overbeek, G. & Bushman, B. J. (2014): »That's not just beautiful—that's incredibly beautiful!« The adverse impact of inflated praise on children with low self-esteem. Psychological Science, 25, S. 728–735.

Brummelman, E., Thomaes, S., Overbeek, G., Orobio de Castro, B., van den Hout, M. A. & Bushman, B. J. (2014): On feeding those hungry for praise. Person praise backfires in children with low self-esteem. Journal of Experimental Psychology: General, 143, S. 9–14.

Brummelman, E., Crocker, J. & Bushman, B. J. (2016): The praise paradox: When and why praise backfires in children with low self-esteem. Child Development Perspectives, 10 (2), S. 111–115.

Buhle, J. T., Silvers, J. A., Wager, T. D., Lopez, R., Onyemekwu, C., Kober, H., Weber, J. & Ochsner, K. N. (2014): Cognitive reappraisal of emotion: A meta-analysis of human neuroimaging studies. Cerebral Cortex, 24 (11), S. 2981–2990.

Carver, C. S. & Scheier, M. F. (2014): Dispositional Optimism. Trends in Cognitive Sciences, 16 (6), S. 293–299.

Chan, T. W. & Koo, A. (2011): Parenting styles and youth outcomes in the UK. European Sociological Review. 27 (3), S. 385–399.

Charpak, N., Ruiz, J., Zupan, J., Cattaneo, A., Figueroa, Z., Tessier, R., Cristo, M., Anderson, G., Ludington, S., Mendoza, S., Mokhachane, M. & Worku, B. (2005): Kangaroo mother care: 25 years after. Acta Paediatric, 94 (5), S. 514–522.

Deci, E. L. & Ryan, R. M. (1993): Die Selbstbestimmungstheorie der Motivation und ihre Bedeutung für die Pädagogik. Zeitschrift für Pädagogik, 39 (2), S. 223–238.

De Graaf, I., Speetjens, P., Smit, F., De Wolff, M. & Tavecchio, L. (2008): Effectiveness of the Triple P Positive Parenting Program on parenting: A meta-analysis. Family Relations, 57 (5), S. 553–566.

Ferguson, Y. L. & Sheldon, K. M. (2013): Trying to be happier really can work: Two experimental studies. The Journal of Positive Psychology, 8 (1), S. 23–33.

Fraley, C. R. (2007): A connectionist approach to the organization and continuity of working models of attachment. Journal of personality, 75 (6), S. 1157–1180.

Gordon, T. (1993): Die neue Familienkonferenz. Kinder erziehen ohne zu strafen. Hamburg: Hoffmann und Campe.

Gottwald, C. (2015): Bewusstseinsprozesse und Körper in der Psychotherapie – neurobiologische Aspekte. Psychologische Medizin, 26 (1), S. 15–35.

Grom. B. (2007): Religionspsychologie (3., vollst. überarb. Aufl.). München: Kösel.

Grossmann, K. E. (1977): Skalen zur Erfassung mütterlichen Verhaltens von Mary D. S. Ainsworth. In: K. E. Grossmann (Hrsg.), Entwicklung der Lernfähigkeit in der sozialen Umwelt (S. 96–107). München: Kindler.

Grossmann, K. E. & Grossmann, K. (Hrsg.) (2003): Bindung und menschliche Entwicklung: John Bowlby, Mary Ainsworth und die Grundlagen der Bindungstheorie. Stuttgart: Klett-Cotta.

Grubbauer, M. (2011): Spielen als pädagogische Maßnahme. Präventive, spielorientierte Förderung und Stärkung elterlicher Kompetenz. Wiesbaden: Springer VS.

Grunert, C. (2012): Bildung und Kompetenz. Theoretische und empirische Perspektiven auf außerschulische Handlungsfelder. Studien zur Schul- und Bildungsforschung, Bd. 44. Wiesbaden: Springer VS.

Gunderson, E. A., Gripshover, S. J., Romero, C., Dweck, C. S., Goldin-Meadow, S. & Levine, S. C. (2013): Parent praise to 1-to-3-year-olds predicts children's motivational frameworks 5 years later. Child Development, 84 (5), S. 1526–1541.

Gutl, M. (1992): Der tanzende Hiob. Graz, Wien, Köln: Styria.

Halford, W. K. & Bodenmann, G. (2013): Effects of relationship education on maintenance of couple relationship satisfaction. Clinical Psychology Review, 33 (4), S. 512–525.

Heckhausen, H. (1972): Die Interaktion der Sozialisationsvariablen in der Genese des Leistungsmotivs. In: C. F. Graumann (Hrsg.), Handbuch der Psychologie, Bd. 7 (2), (S. 955– 1019). Göttingen: Hogrefe.

Heckhausen, H. (1975): Fear of failure as a self-reinforcing motive system. In: I. G. Sarason & C. Spielberger (Eds.), Stress and anxiety (pp. 117–128). Washington, D. C.: Hemisphere.

Heckhausen, H., Schmalt, H.-D. & Schneider, K. (1985): Achievement motivation in perspective. New York: Academic Press.

Heidelberg Institute for International Conflict Research (2016): Conflict Barometer 2015. Heidelberg.

Hoskins, D.h. (2014): Consequences of parenting on adolescent outcomes. Societies, 4 (3), S. 506–531.

Johnson-Laird, P. N. (1983): Mental models: Towards a cognitive science of language, inference, and consciousness. Cambridge, MA: Cambridge University Press.

Joussemet, M., Landry, R. & Koestner, R. (2008). A self-determination theory perspective on parenting. Canadian Psychology, 49 (3), S. 194 –200.

Kaiseler, M., Polman, R. C. J. & Nicholls, A. R. (2012): Effects of the Big Five personality dimensions on appraisal coping, and coping effectiveness in sport. European Journal of Sport Science, 12 (1), S. 62–72.

Kircher, T., Arolt, V., Jansen, A., Pyka, M., Reinhardt, I., Kellermann, T., Konrad, C, Lueken, U., Gloster, A., Gerlach, A. L., Ströhle, A., Wittmann, A., Pfleiderer, B., Wittchen, H. U. & Straube, B. (2013): The effect of cognitive behavioral therapy on the neural correlates of fear conditioning in panic disorder. Biological Psychiatry, 73 (1), S. 93–101.

Lamborn, S. D., Mounts, N. S., Steinberg, L. & Dornbusch, S. M. (1991): Patterns of competence and adjustment among adolescents from authoritative, authoritarian, indulgent, and neglectful families. Child Development, 62 (5), S. 1049–1065.

Lehmann, L. (Hrsg.) (2003): Das Erbe eines Armen. Franziskus-Schriften. Kevelaer: Topos Plus.

Lipp, H. (2015): Über die Organisation des Gedächtnisses: ein neurobiologisches Modell zum Verständnis der unbewussten Erinnerung. Psychotherapie-Wissenschaft, 5 (1), S. 24–35.

Liu, S. C. & Lin, H. (2015): Exploring undergraduate students' mental models of the environment: Are they related to environmental affect and behavior? The Journal of Environmental Education, 46 (1), S. 23–40.

Lohaus, A. & Vierhaus, M. (2013): Entwicklungspsychologie des Kindes- und Jugendalters (2. Aufl.). Heidelberg: Springer VS.

Löhmer, C. & Standhardt, R. (2006): TZI – die Kunst, sich selbst und eine Gruppe zu leiten. Einführung in die themenzentrierte Interaktion. Stuttgart: Klett-Cotta.

Ludington-Hoe, S., Anderson, G. C., Swinth, J., Thompson, C. & Hadeed, A. (2004): Randomized controlled trial of kangaroo care: cardiorespiratory and thermal effects on healthy preterm infants. Neonatal Network, 23 (3), S. 39–48.

Maccoby, E. E. (2007): Historical overview of socialization research and theory. In: J. E. Grusec & P. D. Hastings (Eds.), Handbook of socialization. Theory and research (pp. 13–41). New York: Guilford.

Maguire, E. A., Gadian, D. G., Johnsrude, I. S., Good, C. D., Ashburner, J., Frackowiak, R. S. & Frith, C. D. (2000): Navigation-related structural change in the hippocampi of taxi drivers. Proceedings of the National Academy of Sciences, 97 (8), S. 4398–4403.

Maier, S. F. & Seligman, M. E. (1976): Learned helplessness: Theory and evidence. Journal of experimental psychology: General, 105 (1), S. 3–46.

Markowitsch, H., Engelen, E.-M., Tscherepanow, M. & Welzer, H. (2013): Gedächtnis und Erinnern. In: A. Stephan & S. Walter (Hrsg.), Handbuch Kognitionswissenschaft (S. 289–303). Stuttgart: Metzler.

Maslow, A. H. (1954): Motivation and Personality. New York: Harper & Row.

Mehrinejad, S. A., Rajabimoghadam, S. & Tarsafi, M. (2015): The relationship between parenting styles and creativity and the predictability of creativity by parenting styles. Procedia – Social and Behavioral Sciences, 205, S. 56–60.

Mietzel, G. (2002): Wege in die Entwicklungspsychologie. Kindheit und Jugend (4., vollst. überarb. Aufl.). Weinheim: Beltz PVU.

Miron, A. M. & Brehm, J. W. (2006): Reactance theory: 40 years later. Zeitschrift für Sozialpsychologie, 37 (1), S. 9–18.

Ölsböck, N. (2013): Resilienz – die innere Widerstandskraft. Psychologie in Österreich, 33 (2), S. 103–107.

Otani, K., Suzuki, A., Matsumoto, Y., Enokido, M. & Shirata, T. (2016):

Effects of perceived affectionless control parenting on working models of the self and other. Psychiatry Research, 242, S. 315–318.

Owen, D. J., Slep, A. M. & Heyman, R. E. (2012): The effect of praise, positive nonverbal response, reprimand, and negative nonverbal response on child compliance: A systematic review. Clinical child and family psychology review, 15 (4), S. 364–385.

Papousek, M. (2004): Regulationsstörungen der frühen Kindheit. Klinische Evidenz für ein neues diagnostisches Konzept. In: M. Papousek, M. Schieche, H. Wurmser & R. Barth (Hrsg.), Regulationsstörungen der frühen Kindheit. Frühe Risiken und Hilfen im Entwicklungskontext der Eltern-Kind-Beziehungen (S. 77–110). Bern: Huber.

Papousek, M. (2009). Persistierendes Säuglingsschreien im Entwicklungskontext von Eltern-Kind-Kommunikation und Beziehung. Monatsschrift für Kinderheilkunde, 157 (6), S. 558–566.

Paquette, V., Lévesque, J., Mensour, B., Leroux, J. M., Beaudoin, G., Bourgouin, P. & Beauregard, M. (2003): »Change the mind and you change the brain«: effects of cognitive-behavioral therapy on the neural correlates of spider phobia. Neuroimage, 18 (2), S. 401–409.

Pascual-Leone, A., Nguyet, D., Cohen, L. G., Brasil-Neto, J. P., Cammarota, A. & Hallett, M. (1995): Modulation of muscle responses evoked by transcranial magnetic stimulation during the acquisition of new fine motor skills. Journal of neurophysiology, 74 (3), S. 1037–1045.

Rheinberg, F., Bromme, R., Minsel, B., Winteler, A. & Weidenmann, B. (2001): Die Erziehenden und Lehrenden. In: A. Krapp & B. Weidenmann (Hrsg.), Pädagogische Psychologie. Ein Lehrbuch (4., vollst. überarb. Aufl., S. 271–355). Weinheim: Beltz PVU.

Scheier, M. F., Weintraub, J. K. & Carver, C. S. (1986): Coping With Stress. Divergent Strategies of Optimists and Pessimists. Journal of Personality and Social Psychology, 51 (6), S. 1257–1264.

Schneewind, K. A. (1995): Familienentwicklung. In: R. Oerter & L. Montada (Hrsg.), Entwicklungspsychologie. Ein Lehrbuch (3. Aufl., S. 128–166). Weinheim: Beltz PVU.

Schulz von Thun, F. (2005a): Miteinander reden 1. Störungen und Klärungen (41. Aufl.). Hamburg: Rowohlt Tb.

Schulz von Thun, Friedemann (2005b). Miteinander reden 2. Stile, Werte und Persönlichkeitsentwicklung (25. Aufl.). Hamburg: Rowohlt Tb.

Schweitzer, F. (2013): Das Recht des Kindes auf Religion. Gütersloh: Gütersloher Verlagshaus.

Seligman, M. E. (1999): Erlernte Hilflosigkeit (5. Aufl.). Weinheim: Beltz PVU.

Siegler, R., DeLoache, J., Eisenberg, N. & Pauen, S. (Hrsg.) (2011): Entwicklungspsychologie im Kindes- und Jugendalter (3. Aufl.). Heidelberg: Spektrum Akademischer Verlag.

Sroufe, L. A., Coffino, B. & Carlson, E. A. (2010): Conceptualizing the role of early experience: Lessons from the Minnesota Longitudinal Study. Developmental Review, 30 (1), S. 36–51.

Sroufe, L. A., Egeland, B., Carlson, E. & Collins, W. A. (2005): The development of the person. New York: Guilford.

Sparrow, B., Liu, J. & Wegner, D. M. (2011): Google effects on memory: Cognitive consequences of having information at our fingertips. Science, 333 (6043), S. 776–778.

Stangl, E. D. (2016): Resilienz durch Glauben? Die Entwicklung psychischer Widerstandskraft bei Erwachsenen. Reihe: Zeitzeichen, Band 39. Ostfildern: Grünewald.

Stattin, H. & Kerr, M. (2000): Parental monitoring: A reinterpretation. Child Development, 71 (4), S. 1072–1085.

Steinebach, C. & Steinebach, U. (2010): Resilienzförderung im Jugendalter. Die Stärken der Peerbeziehungen nutzen. In: H. Hackauf & H. Ohlbrecht (Hrsg.), Jugend und Gesundheit. Ein Forschungsüberblick (S. 304–320). München: Juventa.

Steiner, G. (2001): Lernen und Wissenserwerb. In: A. Krapp & B. Weidenmann (Hrsg.), Pädagogische Psychologie. Ein Lehrbuch (4., vollst. überarb. Aufl., S. 137–205). Weinheim: Beltz PVU.

Suess, G. J. (2011): Missverständnisse über Bindungstheorie. München: WiFF Expertise, 14.

UNICEF (2013): Jedes vierte Kind leidet unter »verstecktem Hunger«. UNICEF-Bericht über weltweite Ernährungssituation von Kindern. URL https://www.unicef.de/presse/2013/unicef-bericht-ernaehrung-2013/11154 (letzter Abruf am 31.08.2016).

Uvnäs-Moberg, K. (2011): Die Funktion von Oxytocin in der frühen Entwicklung und die mögliche Bedeutung eines Oxytocinmangels für Bindung und frühe Störungen der Entwicklung. In: K. H. Brisch (Hrsg.), Bindung und frühe Störungen der Entwicklung (S. 13–33). Stuttgart: Klett-Cotta.

Weiner, B. (1985): An attributional theory of achievement motivation and emotion. Psychological Review, 92 (4), S. 548–573.

Weiner, B. (2000): Intrapersonal and interpersonal theories of motivation from an attribution perspective. Educational Psychology Review, 12 (1), S. 1–14.

Werner, E. E. (2008): Entwicklung zwischen Risiko und Resilienz. In: G. Opp & M. Fingerle (Hrsg.), Was Kinder stärkt. Erziehung zwischen Risiko und Resilienz (3. Aufl., S. 20–31). München: Reinhardt.

Weymann, B.: Kinder brauchen Grenzen (Stand 15. März 2010). URL http://www.familienhandbuch.de/babys-kinder/erziehungsfragen/grenzen/kinderbrauchengrenzen.php (letzter Abruf am 29.08.2016).

Wustmann, C. (2009): Die Erkenntnisse der Resilienzforschung – Beziehungserfahrungen und Ressourcenaufbau. Psychotherapie Forum, 17 (2), S. 71–78.

Wustmann, C. (2011): Resilienz in der Frühpädagogik – Verlässliche Beziehungen, Selbstwirksamkeit erfahren. In: M. Zander (Hrsg.), Handbuch Resilienzförderung (S. 350–359). Wiesbaden: Springer VS.

Wustmann Seiler, C. (2012): Resilienz. Widerstandsfähigkeit von Kindern in Tageseinrichtungen fördern (4. Aufl.). Berlin: Cornelsen Scriptor.

Wyl, A. (2015): Resilienz- und Ressourcenförderung bei Kleinkindern. In: M. Schär & C. Steinebach (Hrsg.), Resilienzfördernde Psychotherapie für Kinder und Jugendliche. Grundbedürfnisse erkennen und erfüllen (S. 122–135). Weinheim: Beltz PVU.

Yoshimura, S., Okamoto, Y., Onoda, K., Matsunaga, M., Okada, G., Kunisato, Y., Ueda, K., Suzuki, S. & Yamawaki, S. (2014): Cognitive behavioral therapy for depression changes medial prefrontal and ventral anterior cingulate cortex activity associated with self-referential processing. Social cognitive and affective neuroscience, 9 (4), S. 487–493.

Zeanah, C. H., Berlin, L. J. & Boris, N. W. (2011): Practitioner Review: Clinical applications of attachment theory and research for infants and young children. Journal of Child Psychology and Psychiatry, 52 (8), S. 819–833.

Zimmer, R. (2014): Handbuch der Sinneswahrnehmung. Grundlagen einer ganzheitlichen Bildung und Erziehung. Freiburg: Herder.

Anmerkungen

1. Mit der Beziehung zu unserem Kind Grundvertrauen schenken

1 Vgl. Deci & Ryan, 1993; vgl. Biesinger, 2016b, S. 85 f.
2 Ludington-Hoe et al., 2004.
3 Charpak et al., 2005.
4 Kerstin Uvnäs-Moberg, 2011, S. 14.
5 Vgl. Grossmann, 1977.
6 Für eine Übersicht über Arbeiten von Mary Ainsworth und John Bowlby siehe Grossmann & Grossmann, 2003.
7 Bowlby, 2008.
8 Maslow, 1954.
9 Sroufe, Coffino & Carlson, 2010; Sroufe, Egeland, Carlson & Collins, 2005.
10 Vgl. Suess, 2011, S. 11.
11 Sroufe, Coffino & Carlson, 2010.
12 Bowlby, 2008; Zeanah, Berlin & Boris 2011.
13 Vgl. Schulz von Thun, 2005a, S. 25–30, S. 44–63; 2005b, S. 19–27.
14 Vgl. Schulz von Thun, 2005a, S. 44–68.
15 Vgl. Schulz von Thun, 2005b, S. 21.
16 Vgl. Schulz von Thun, 2005b, S. 21; Schulz von Thun, 2005a, S. 187–198.
17 Rosenberg, 2011.
18 Vgl. Gordon, 1993, S. 88–91.
19 Siehe auch Biesinger, 2016b, S. 141–144.
20 Vgl. Stattin & Kerr, 2000, S. 1072.
21 Hoskins, 2014, S. 513 f.
22 Ebd., S. 510 f.

2. Unser Kind in seinem Grundvertrauen bestärken

1 Steinebach & Steinebach, 2010, S. 306.
2 Weiner, 1985; Weiner, 2000.
3 Ebd.
4 Siehe Heckhausens Selbstbewertungsmodell der Leistungsmotivation, Heckhausen, 1972; Heckhausen, 1975.
5 Siehe auch Atkinson, 1957; Heckhausen, Schmalt & Schneider, 1985.
6 Heckhausen, 1972; Heckhausen 1975.
7 Ebd.

8 Ebd.
9 Owen, Slep & Heyman, 2012.
10 Gunderson, Gripshover, Romero, Dweck, Goldin-Meadow & Levine, 2013.
11 Brummelman, Crocker & Bushman, 2016; Brummelman, Thomaes, Overbeek, Orobio de Castro, van den Hout & Bushman, 2014.
12 Owen, Slep & Heyman, 2012.
13 Brummelman, Thomaes, Orobio de Castro, Overbeek & Bushman, 2014.
14 Vgl. Lohaus & Vierhaus, 2013, S. 121 f.
15 Steinebach & Steinebach, 2010, S. 306.
16 Vgl. Grubbauer, 2011, S. 113.
17 Vgl. Elterntraining Minsel (1976) in: Rheinberg, Bromme, Minsel, Winteler & Weidenmann, 2001, S. 294.
18 Wustmann, 2009; Wustmann, 2011; Wustmann Seiler, 2012; Wyl, 2015.
19 Wustmann, 2000; Wustmann Seiler, 2012.
20 Ebd.
21 Ölsbök, 2013; Wustmann, 2011.
22 Maier & Seligman, 1976; Seligman, 1992.
23 Kaiseler, Polman & Nicholls, 2012; Carver & Scheier, 2014; Scheier, Weintraub & Carver, 1986.

3. Unser Kind motivieren und ihm Zuwendung und Orientierung geben

1 Tausch & Tausch, 1998, vgl. Krapp S. 289.
2 Nach Baumrind und Maccoby & Martin: vgl. Maccoby, 2007.
3 Chan & Koo, 2011 (Studie unterschied nur zwischen autoritativem, autoritärem und permissivem Erziehungsstil); Hoskins, 2014; Lamborn, Mounts, Steinberg & Dornbusch, 1991.
4 Mietzel, 2002, S. 384.
5 Chan & Koo, 2011 (Studie unterschied nur zwischen autoritativem, autoritärem und permissivem Erziehungsstil); Hoskins, 2014.
6 Hoskins, 2014.
7 Lamborn et al., 1991.
8 Lamborn et al., 1991, Hoskins, 2014.
9 Hoskins, 2014.
10 Ebd.
11 Ebd.; Lamborn et al., 1991.
12 Erhoben im letzten Jahr der High School.

13 Hoskins, 2014.
14 Vgl. Chan & Koo, 2011.
15 Hoskins, 2014.
16 Otani, Suzuki, Matsumoto, Enokido & Shirata, 2016.
17 Mehrinejad, Rajabimoghadam & Tarsafi, 2015.
18 Vgl. Papousek, 2004, S. 101; Papousek, 2009.
19 Vgl. Miron & Brehm, 2006, S. 10 ff; siehe auch Biesinger, 2016b, S. 85–90.
20 Vgl. Joussemet, Landry & Koestner, 2008, S. 194 f.
21 Vgl. ebd.
22 Beate Weymann, 2010.
23 Vgl. Schneewind, 1995, S. 165; siehe auch Biesinger, 2016b, S. 76–84.
24 Mietzel, 2002, S. 384.
25 Deci & Ryan, 1993; vgl. auch Hoskins, 2014.
26 Mietzel, 2002, S. 384.
27 Owen, Slep & Heyman, 2012.
28 Ebd.
29 Hoskins, 2014.
30 Ebd.

4. Unser Denken beeinflusst unsere Sicht der Welt
1 Vgl. Siegler, DeLoache, Eisenberg & Pauen, 2011.
2 Bandura, 1977.
3 Mietzel, 2002, S. 384.
4 Zimmer, 2014, S. 13.
5 Siehe Zimmer, 2014.
6 Siehe Gottwald, 2015; Lipp, 2015.
7 Maguire, Gadian, Johnsrude, Good, Ashburner, Frackowiak & Frith, 2000.
8 Pascual-Leone, Nguyet, Cohen, Brasil-Neto, Cammarota & Hallett, 1995.
9 Sparrow, Liu & Wegener, 2011.
10 Z.B. Buhle et al., 2014; Paquette et al., 2003; Kircher et al., 2013; Yoshimura et al., 2014.
11 Buhle et al., 2014.
12 Vgl. Markowitsch, Engelen, Tscherepanow & Welzer, 2013.
13 Gottwald, 2015, S. 24.
14 Bierhoff & Rohmann, 2010, S. 75.
15 Ebd.

16 Ebd.
17 Fraley, 2007; vgl. Bierhoff & Rohmann, 2010, S. 75.
18 Liu und Lin, 2015.

5. Als Eltern das Grundvertrauen in uns selbst stärken und Orientierung finden

1 Löhmer & Standhardt, 2006, S. 93.
2 UNICEF, 2013.
3 Heidelberg Institute for International Conflict Research, 2016.
4 Ferguson & Sheldon, 2013.
5 Vgl. Biesinger, 2016b, S. 140 f.
6 Vgl. ebd., S. 138 ff.
7 Vgl. für eine ausführliche Darstellung ebd., S. 91–149.
8 Für einen ersten Einblick in die systemischen Ansätze siehe z.B. Schulz von Thun, 2005a und 2005b.
9 Vgl. Schulz von Thun, 2005b, S. 31; siehe auch Biesinger, 2016b, S. 122–149.
10 Bodenmann, Meyer, Ledermann, Binz & Brunner, 2005, vgl. Bodenmann & Kessler, 2011.
11 Arranz Becker, 2005.
12 Ebd.
13 Ebd.
14 Ebd.
15 Baucom, Hahlweg, Atkins, Engl & Thurmaier, 2006; Bodenmann & Kessler, 2011, Halford & Bodenmann, 2013.

6. Weite Horizonte

1 Grom, 2007.
2 Gutl, 1992.
3 Vgl. dazu Biesinger & Hessler, 2001.
4 Lehmann, 2003.
5 Biesinger & Hessler, 2001, S. 38.
6 Vgl. Biesinger & Schweitzer, 2013, S. 40 f; vgl. dazu weiter Biesinger & Kohler-Spiegel, 2011.
7 Vgl. Biesinger & Schweitzer, 2013, S. 40 f.
8 Biesinger & Schweitzer, 2013, S. 41.
9 Biesinger & Schweitzer, 2013, S. 41.
10 Schweitzer, 2000, S. 197–209.
11 Biesinger & Schweitzer, 2013, S. 42.

12 Vgl. ebd.
13 Vgl. dazu Stangl, 2016, insb. Geleitwort von Klaus Kießling, S. 12–17.
14 Werner, 2008, S. 24.
15 Siehe auch Biesinger, 2016a, S. 34 f.
16 Biesinger & Schweitzer, 2013, S. 44.
17 Ebd., S. 46 f.
18 Biesinger & Sarah, 2015.